PILON

Internet Explorer 8

Édition Windows 7

Micro Application

COPYRIGHT © 2010 Micro Application
20-22, rue des Petits-Hôtels
75010 Paris

1ère Édition - Juin 2010

AUTEUR Olivier ABOU

ISBN : 978-2-300-030987

MICRO APPLICATION
20-22, rue des Petits-Hôtels
75010 PARIS
Tél : 01 53 34 20 20 - Fax : 01 53 34 20 00
http://www.microapp.com

Support technique :
Fax : 01 53 34 20 00
également disponible sur le site
www.microapp.com

Retrouvez des informations sur cet ouvrage !

Rendez-vous sur le site Internet de Micro Application **www.microapp.com**. Dans le module de recherche, sur la page d'accueil du site, entrez la référence à 4 chiffres indiquée sur le présent livre. Vous accédez directement à sa fiche produit.

AVANT-PROPOS

Tout en couleur, la collection Guide microapp vous accompagne dans votre découverte d'un logiciel ou d'une technologie informatique. Grâce à une approche résolument pratique, centrée autour de nombreux exemples pas à pas, elle vous permet de réussir vos premières prises en main et de réaliser des opérations concrètes, rapidement et facilement, sans connaissance préalable du sujet traité.

Les ouvrages de la collection sont basés sur une structure identique :

- Des étapes numérotées, associées à des captures d'écran, vous permettent de suivre et de reproduire pas à pas l'exemple étudié.
- Des informations complémentaires au sujet traité vous sont délivrées. Présentées sous forme d'encadrés, elles sont repérables par l'icône ▶.
- Des définitions vous permettent de comprendre les termes et abréviations relatifs au logiciel ou à la technologie étudiée. Présentées sous forme d'encadrés, elles sont identifiables par l'icône ▶.

Complète, la collection Guide microapp vous délivre des outils innovants pour rendre l'apprentissage encore plus enrichissant et convivial :

Le coin des passionnés, pour tous ceux qui souhaitent approfondir leurs connaissances et aller plus loin dans leur utilisation du logiciel ou de la technologie étudiée.

Les Fiches pratiques, pour maîtriser en quelques clics une application précise.

Afin de faciliter la compréhension des techniques décrites, nous avons adopté les conventions typographiques suivantes :

- **Gras** : menu, commande, onglet, bouton
- *Italique* : rubrique, zone de texte, liste déroulante, case à cocher
- www.microapp.com : adresse Internet
- **Hotmail** : renvoi vers un encadré définition
- ✂ : indique, dans les programmes, un retour à la ligne involontaire dû aux contraintes de la mise en page

SOMMAIRE

INTRODUCTION

Chapitre 1

PRISE EN MAIN *d'Internet Explorer*

Chapitre 2

NAVIGUER *sur le Web*

Chapitre 3

PREMIERS PAS *avec Windows Live Mail*

Chapitre 4

UTILISER *Windows Live Mail*

Chapitre 5

LE COIN *des passionnés*

Les Fiches *Pratiques*

INTRODUCTION

La dernière version d'Internet Explorer s'intègre bien évidemment dans toutes les versions de Windows 7. Mais rien ne vous empêche de l'installer également sur des systèmes plus anciens : Windows Vista ou XP, par exemple.

Il en va de même pour le module de messagerie, Windows Live Mail, que vous devrez télécharger gratuitement et installer vous-même dans votre environnement de travail. De fait, depuis la sortie de Windows 7, vous ne disposez plus, par défaut, du client de messagerie Microsoft (Windows Mail pour Windows Vista ou Outlook Express pour Windows XP).

Bref, vous l'avez compris, les outils Internet de Microsoft s'intègrent parfaitement dans toutes les versions de Windows, anciennes ou récentes, même s'ils ont été développés au départ pour l'environnement Windows Vista.

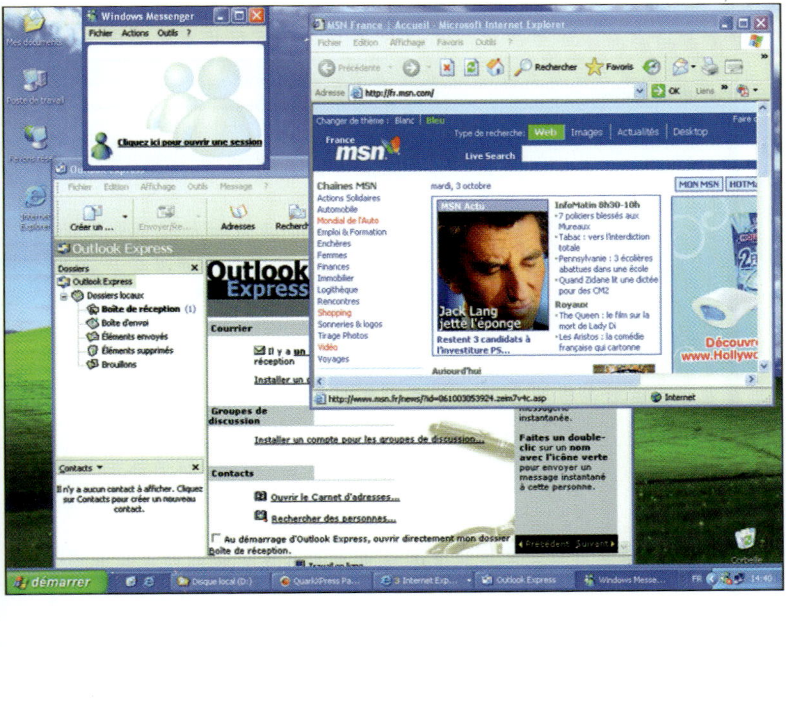

LES NOUVEAUTÉS

Comme vous devez vous en douter, de nombreuses nouveautés ont été introduites dans Internet Explorer 8 et Windows Live Mail. Si les deux outils reprennent les principales fonctions de leurs prédécesseurs, vous allez pouvoir exploiter de nouvelles ressources sur Internet et bénéficier d'une protection de vos données personnelles plus solide lorsque vous vous connectez.

▸ Internet Explorer 8

La dernière version d'Internet Explorer est disponible avec le module de mise à jour intégré dans toutes les éditions de Windows. Toutefois, si vous ne disposez pas du tout nouveau système d'exploitation de Microsoft, rien ne vous empêche d'installer ce navigateur en le téléchargeant gratuitement à partir de l'adresse suivante : www.microsoft.com/france/windows/ie/default.mspx.

Cela dit, pour exploiter toutes les fonctionnalités d'Internet Explorer, vous devrez posséder au minimum Windows XP SP2 ou Windows Server 2003 SP1 ou de leurs versions équivalentes en 64 bits.

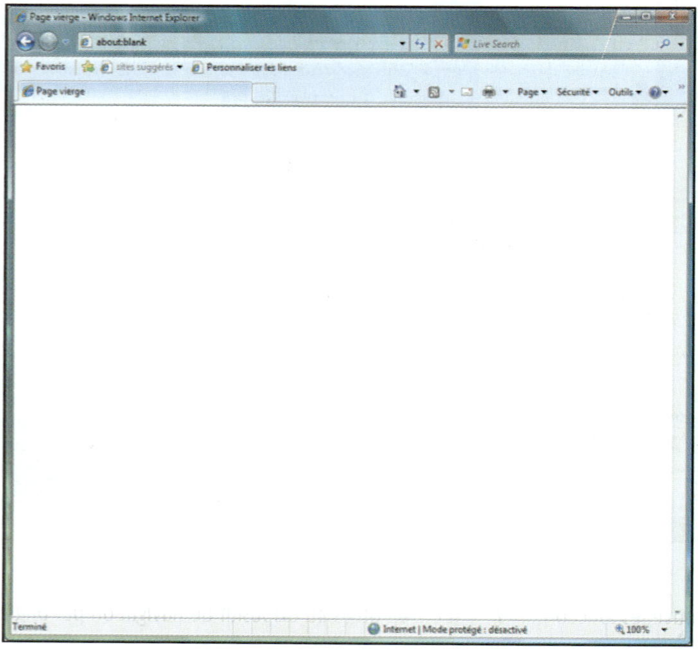

Comme vous pouvez le constater, lorsque vous démarrez pour la première fois Internet Explorer 8, l'interface ressemble en grande partie à celle de la version précédente qui avait été considérablement remaniée pour l'environnement de Windows Vista. Le programme conserve ainsi un aspect extrêmement convivial avec une prise en main des commandes orientée essentiellement de façon visuelle. Les fonctions se trouvent d'un simple coup d'œil et ne sont plus masquées par défaut dans une barre de menus. Il ne reste plus désormais qu'une barre d'outils constituée de quelques boutons et une barre d'adresses.

Passons aux nouveautés. Les fonctionnalités de recherche ont été considérablement améliorées. Elles intègrent désormais un dispositif d'affichage de suggestions et vous pouvez effectuer des recherches dans l'historique.

Vous disposez en outre d'un nouveau menu de gestion qui regroupe tous les modules du navigateur : ActiveX, extensions, etc. Vous pouvez ainsi identifier plus rapidement un module qui génère des erreurs et, le cas échéant, le désactiver d'un simple clic de souris.

À l'instar de son concurrent direct, Firefox, Internet Explorer propose maintenant une barre d'adresses intelligente. Lorsque vous démarrez la saisie d'une URL, le navigateur affiche une liste de suggestions à partir des informations trouvées dans votre historique ou vos favoris.

Autres nouveautés : les services web contextuels accessibles depuis les commandes du menu contextuel (appelées les «compléments actifs»). Les services proposés par défaut, avec Internet Explorer 8, permettent d'exploiter certains services Microsoft de blog, de cartographie, de messagerie, d'encyclopédie et de traduction.

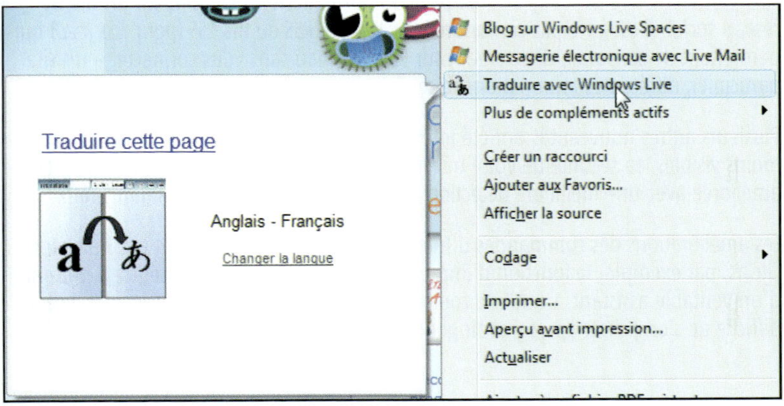

De nouvelles fonctionnalités ont été ajoutées au dispositif de navigation par onglets.

Vous pouvez toujours afficher plusieurs sites dans une seule fenêtre d'Internet Explorer à travers un système intégré d'onglets, mais, désormais, vous pouvez vous y retrouver plus facilement avec des outils de gestion plus performants.

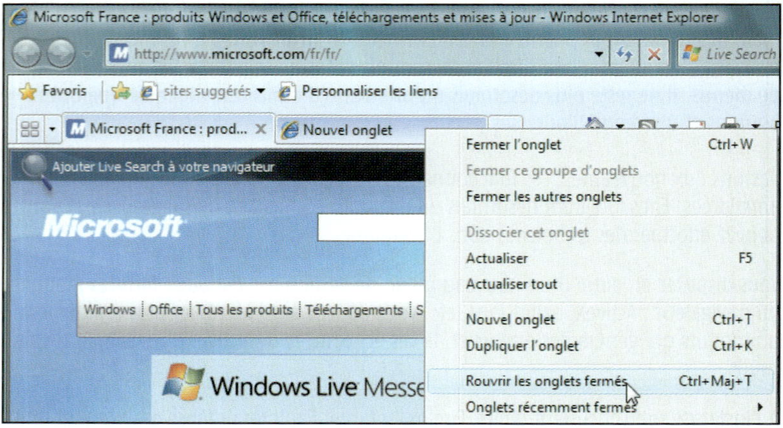

Pour les utilisateurs les plus méfiants, Microsoft leur propose d'activer un nouveau mode de navigation appelé *InPrivate*. Il permet de naviguer sans laisser de traces trop apparentes sur les sites que vous visitez. Il permet également d'effacer automatiquement toutes les données temporaires à la fin d'une session.

Enfin, Microsoft introduit un nouveau type de contenu : les *Web Slices*. Ils désignent des petits modules qui permettent de rester informé en temps réel de toute modification apportée à une page web. Cela s'avère fort utile pour, par exemple, suivre une enchère sur eBay ou une page d'informations en continu sur un site de réseau social. C'est à ne pas confondre avec les flux RSS ou fils RSS (pour *RSS feed*) qui permettent de consulter, directement sur votre Bureau sans vous connecter à un site particulier, différentes informations mises à jour en temps réel.

Plusieurs autres nouveautés ont été intégrées dans le navigateur et elles sont parfois moins visibles. La sécurité de votre navigation, par exemple, a été considérablement améliorée avec une meilleure détection automatique de certains sites dangereux.

Les améliorations des commandes d'Internet Explorer 7 ne manquent pas non plus. Citons, par exemple, la fonction d'impression des pages web qui bénéficie à présent d'un véritable assistant. L'outil de zoom a également été entièrement revu et il sera difficile de s'en passer après y avoir goûté.

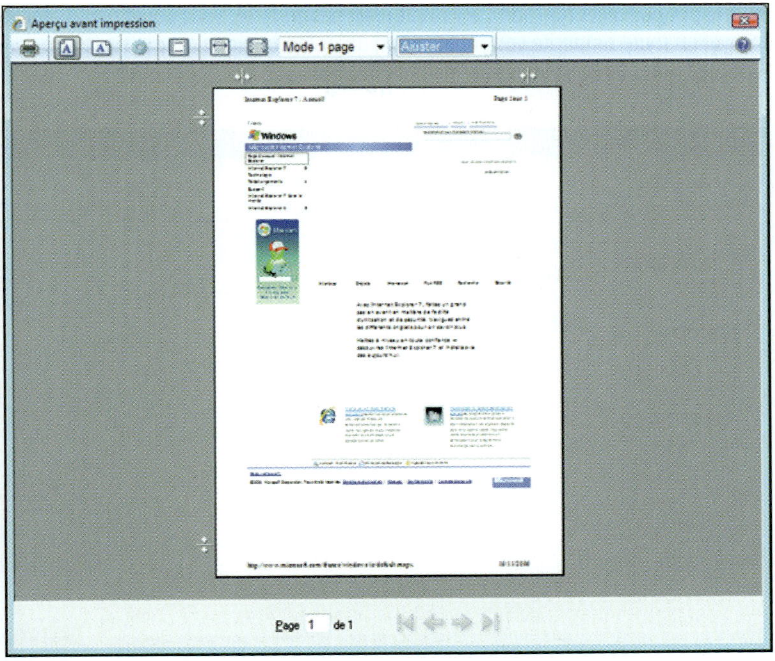

▸ Windows Live Mail

Les nouveautés de Windows Live Mail se remarquent dès le lancement du programme. Son interface reprend désormais le standard des services Live, sans aucune publicité.

Windows Live Mail intègre maintenant des outils antispam pour bloquer efficacement et automatiquement toute la publicité que l'on vous envoie alors que vous n'avez rien demandé. Cela permet d'alléger considérablement votre boîte aux lettres.

Windows Live Mail permet également de bloquer les messages frauduleux, qui vous demandent par exemple de saisir le mot de passe de votre compte bancaire, avec sa nouvelle fonction antiphishing.

Du côté des nouvelles fonctions, Microsoft n'est pas en reste. Vous pouvez maintenant envoyer en toute simplicité vos photos par courrier électronique avec la fonction Message photo. Ou alors vous abonner aux flux RSS.

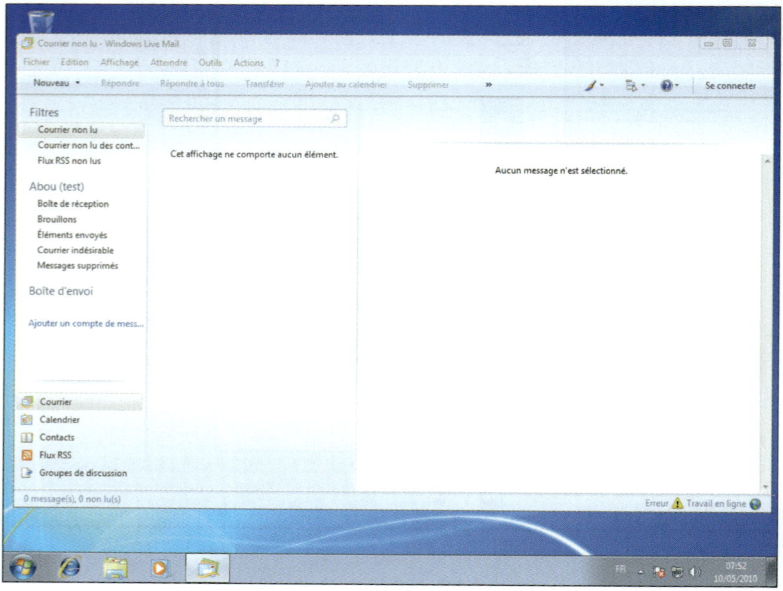

PRISE EN MAIN *d'Internet Explorer*

Le Web représente un espace d'information particulièrement aisé à exploiter avec la dernière version d'Internet Explorer. En ce qui concerne la navigation basique sur les sites, il suffit de cliquer sur des liens pour consulter les pages qui vous intéressent.

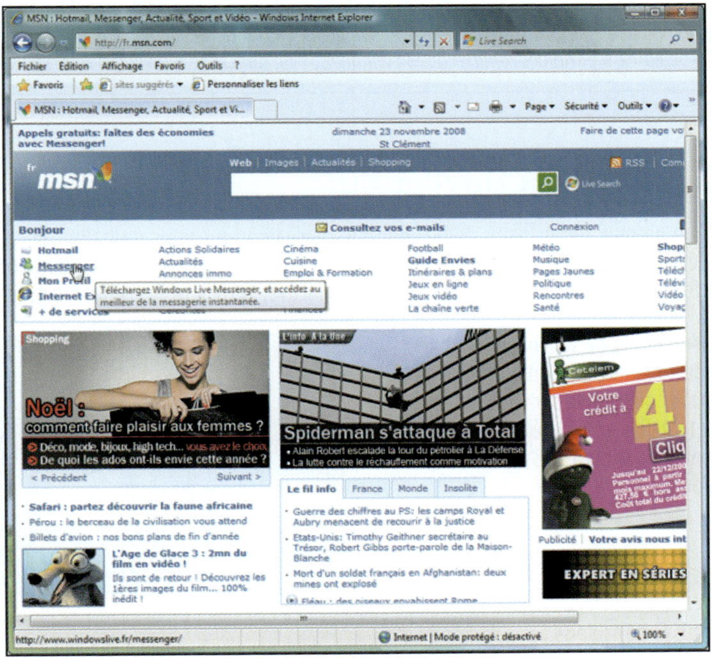

La connexion sur les serveurs s'effectue de façon transparente, et la navigation ne requiert aucune compétence technique. Cela dit, il convient toutefois de savoir activer, lorsque cela s'avère nécessaire, votre navigateur et le configurer.

L'ACTIVATION ET LA CONFIGURATION

En général, lorsque vous achetez un ordinateur, celui-ci dispose déjà de son système d'exploitation, Windows 7 pour les configurations les plus modernes, et Internet Explorer est activé par défaut dans votre environnement de travail. Dans ces conditions, aucune procédure d'activation n'est nécessaire, mais il existe des exceptions.

Activation

Avec les anciennes versions de Windows, pour accéder à Internet Explorer ou pour le supprimer de votre environnement de travail, il était nécessaire de l'installer ou de le désinstaller à partir du panneau dédié aux composants de Windows. Avec Windows Vista ou Windows 7, la procédure est totalement différente. Désormais, Internet Explorer est toujours disponible sur votre disque dur, même si vous ne le voyez plus. En fait, vous avez la possibilité de désactiver son accès ou de l'activer. Dans tous les cas, aucune installation ou désinstallation d'Internet Explorer ne sera effectuée. Si vous désactivez son accès, vous n'aurez simplement plus le moyen de le démarrer à partir des commandes de Windows, bien qu'il reste présent sur votre système.

► Choisir son navigateur

Dans un premier temps, vous devez choisir le navigateur que vous souhaitez utiliser par défaut sur votre ordinateur. La procédure ne pose aucune difficulté, à condition toutefois de disposer d'une connexion Internet active. Si c'est le cas, suivez le guide.

1 Démarrez votre système et double-cliquez sur le raccourci intitulé *Choix de navigateur* disponible sur votre Bureau. Notez toutefois qu'il est également présent dans la barre des tâches de Windows.

2 Dans la fenêtre qui s'affiche, cliquez sur OK pour accéder à l'étape suivante qui consiste à choisir le navigateur que vous souhaitez adopter.

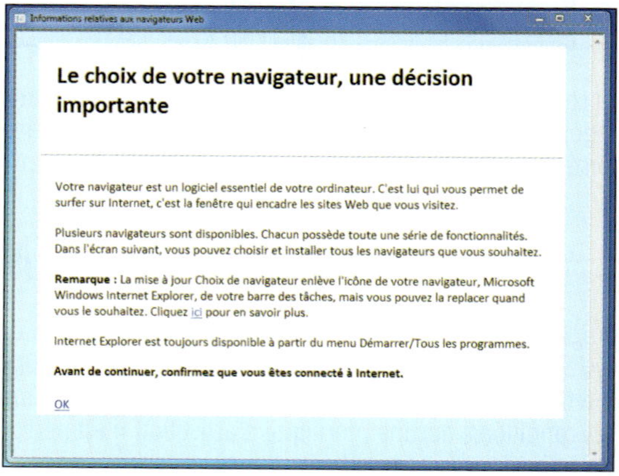

Aucune contrainte

Le fait de choisir un navigateur par défaut ne vous interdit pas d'en utiliser un autre à n'importe quel moment Il suffira effectivement de l'installer et de sélectionner son icône à partir du menu ***Démarrer*** *de la Barre des tâches de Windows.*

3 Une nouvelle fenêtre apparaît. Cliquez sur le bouton **Installer** de la colonne dédié à Internet Explorer 8.

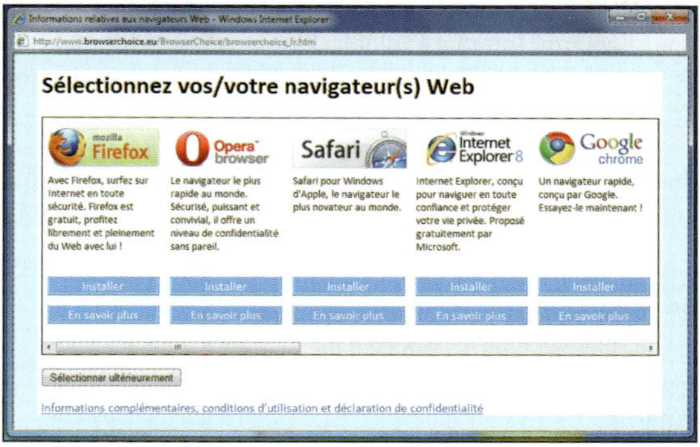

4 La fenêtre du navigateur Internet Explorer 8 apparaît immédiatement. La procédure est terminée.

5 Pour lancer plus rapidement votre navigateur, sans devoir le sélectionner à partir du menu **Démarrer**, cliquez avec le bouton droit de la souris sur son icône dans la barre des tâches.

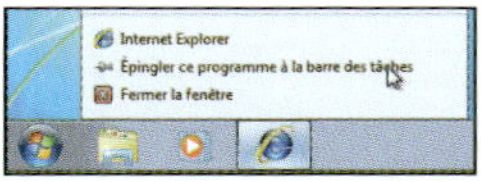

6 Dans le menu contextuel qui s'affiche, sélectionnez la commande **Epingler ce programme à la barre des tâches**. Vous disposez désormais d'une icône d'Internet Explorer dans votre barre des tâches et il suffit de cliquer dessus pour démarrer votre navigateur.

► Activer l'accès au navigateur

Dans des cas fort rares, il se peut que votre système ne dispose d'aucune commande pour démarrer Internet Explorer. Plusieurs raisons sont à l'origine d'une telle situation : désactivation par erreur lors de l'installation, choix du vendeur en charge de la configuration et du montage de votre machine, etc.

Quoi qu'il en soit, ce n'est pas catastrophique. Il suffit de quelques clics de souris pour faire apparaître Internet Explorer dans votre environnement de travail.

1 À partir de la barre des tâches de Windows, cliquez sur le bouton **Démarrer** et sélectionnez l'entrée **Panneau de configuration** dans le menu déroulant qui s'affiche.

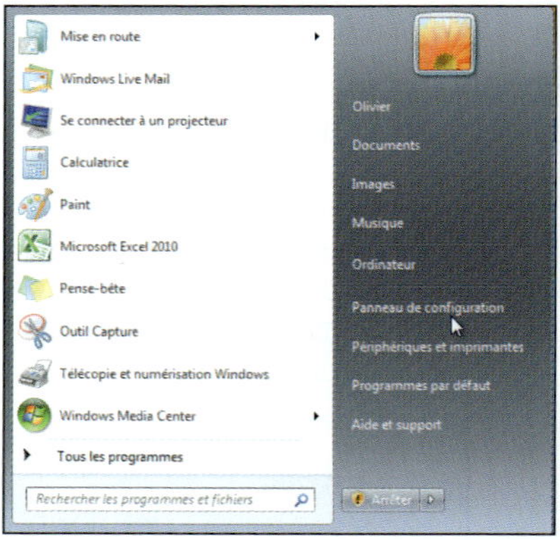

2 Dans la fenêtre qui s'affiche, cliquez sur le lien *Programmes*.

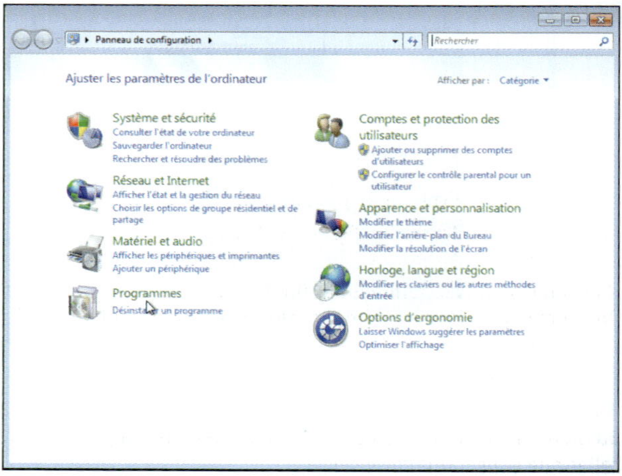

3 Une nouvelle fenêtre apparaît. Cliquez sur le lien *Activer ou désactiver des fonctionnalités Windows*.

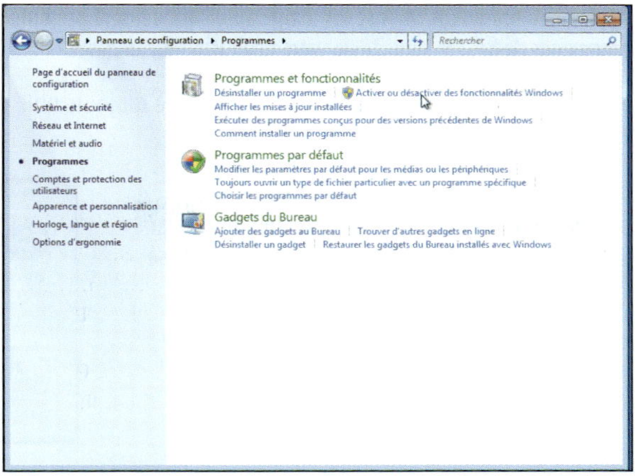

4 Une boîte de dialogue, intitulée **Fonctionnalités de Windows**, vous propose d'activer ou de désactiver toute une liste de fonctionnalités Windows. Il suffit de cocher celles que vous souhaitez activer. Dans notre cas, sélectionnez l'option *Internet Explorer 8* dans le cadre conçu à cet effet.

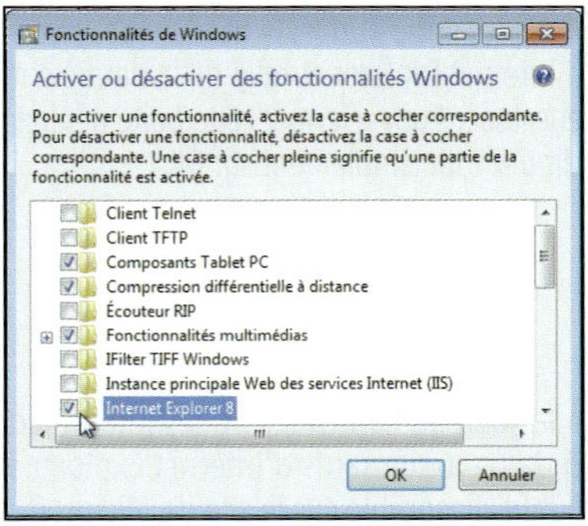

5 Validez par OK pour enregistrer les nouveaux paramètres du système et refermez la fenêtre précédente. Les commandes de démarrage d'Internet Explorer sont désormais disponibles sur votre ordinateur.

La mise à jour

Une fois Internet Explorer disponible dans votre environnement de travail, il faut le mettre à jour régulièrement. Cette procédure s'avère d'ailleurs assez importante pour différentes raisons. La première : vous profiterez toujours ainsi des dernières innovations du Web (animations multimédias, nouvelles fonctionnalités, etc.). Deuxièmement, tous les produits informatiques présentent des failles, et Internet Explorer n'échappe pas à cette règle : bogues, trous de sécurité, etc. Dans ces conditions, l'éditeur met régulièrement sur son site des patchs de mises à jour. Il existe deux procédures pour les télécharger et les installer : la prise en charge automatique et la récupération manuelle des mises à jour pour ne sélectionner que celles que vous souhaitez installer.

La première procédure, la prise en charge automatique, sera présentée au chapitre *Sécuriser les connexions* dédié à la sécurité de votre navigation sur Internet.

Mais avant de voir cela de plus près, il peut être toujours utile de connaître la version exacte de votre navigateur.

1 Démarrez Internet Explorer et sélectionnez la commande **A propos de Internet Explorer** en cliquant sur le bouton d'aide de la barre d'outils, symbolisé par un point d'interrogation (**?**).

2 Une fenêtre apparaît immédiatement et vous indique, entre autres, le numéro de la version d'Internet Explorer et celle de la dernière mise à jour effectuée. Pour refermer cette boîte de dialogue, cliquez tout simplement sur OK.

À la suite de l'affichage de ces informations, il peut s'avérer nécessaire d'actualiser certains composants d'Internet Explorer si le numéro de la dernière version de la mise à jour disponible sur le site de Microsoft s'avère être plus récent. C'est donc ce que nous allons faire sans plus tarder.

Se connecter à Windows Update

Si vous optez pour la solution d'effectuer des mises à jour en vous connectant directement sur le site de Microsoft, sachez que cette procédure ne pose aucune difficulté. La page que vous afficherez dans votre navigateur contient un programme d'analyse chargé d'inspecter votre configuration. Dans ces conditions, le serveur de Microsoft vous signalera automatiquement toutes les mises à jour disponibles pour votre système.

Confidentialité

Le service Windows Update s'est engagé à protéger la confidentialité des données des utilisateurs. Mais il faut savoir que, pour proposer une liste de mises à jour personnalisée, le serveur de Microsoft doit obligatoirement récupérer plusieurs informations à partir de votre ordinateur. Lesquelles ? Il existe quatre types d'information à transmettre :

- le numéro de version de votre système d'exploitation ;
- le numéro de version d'Internet Explorer ;
- le numéro de version des autres logiciels Microsoft disponibles sur votre système ;
- le numéro d'identification Plug and Play des périphériques installés sur votre machine.

Pour bien comprendre cette procédure, il faut savoir que Windows Update ne récupère aucune information personnelle de type nom, adresse postale et e-mail, etc. De plus, les renseignements transférés sont uniquement exploités lors de votre session sur le site et ne seront pas enregistrés de façon permanente dans une base de données pour une utilisation ultérieure. En tout cas, pas toutes les données. Car il existe une exception lorsque le service effectue un suivi des opérations de transfert et d'installation des mises à jour pour savoir si la procédure a réussi ou échoué. Dans ces conditions, Windows Update enregistre le numéro d'identification des éléments de mise à jour que vous avez sélectionnés pour l'installation, ainsi que les numéros des versions du système d'exploitation et d'Internet Explorer. Ces informations sont ensuite sauvegardées en permanence dans une base de données, mais elles ne seront jamais associées à un numéro unique ou un système d'identification personnelle vous concernant.

Notez qu'une telle technique permet de disposer, comme nous allons le voir, d'un historique des mises à jour de votre système.

1 Connectez-vous à Internet, démarrez Internet Explorer et sélectionnez la commande **Windows Update** du menu **Sécurité**.

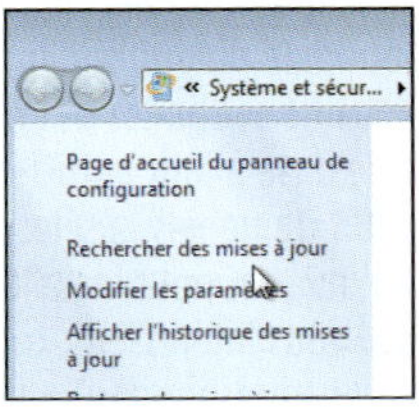

2 La fenêtre de mise à jour de Microsoft apparaît à l'écran immédiatement après. Elle est divisée en plusieurs parties : un menu à gauche qui affiche toutes les fonctionnalités du service (recherche des mises à jour, personnalisation du service, information sur le service, etc.) et une page centrale où l'on vous signalera toutes les mises à jour disponibles pour votre système. Pour lancer la procédure de vérification de votre configuration, cliquez, à partir du menu, sur le lien intitulé *Rechercher des mises à jour*.

3 La recherche des mises à jour de votre système peut prendre un certain temps en fonction des performances de votre connexion, de la complexité de votre configuration et de la surcharge du service. Dans tous les cas, le pourcentage de la progression des opérations s'affiche dans le cadre central de la fenêtre et vous êtes ainsi tenu au courant du déroulement.

4 Le résultat s'affiche ensuite dans la fenêtre dédiée au service Windows Update. Pour examiner plus en détail les mises à jour à installer, cliquez sur le lien de la section *Installez des mises à jour pour votre ordinateur.*

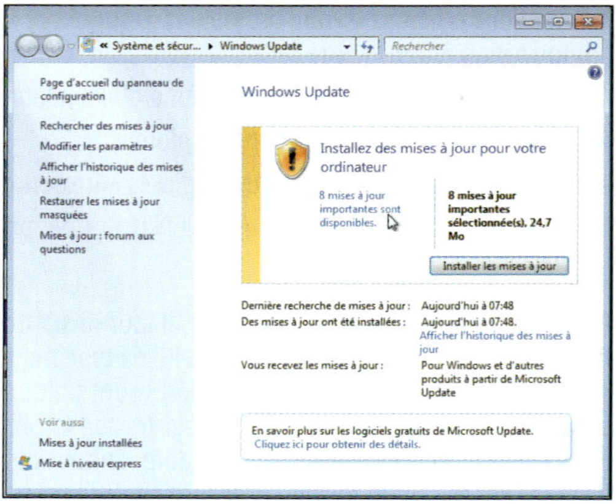

Différents niveaux de mises à jour

Le service utilise plusieurs catégories pour classer les mises à jour à installer. La première, intitulée Critique, *désigne toutes les mises à jour concernant la sécurité de votre système et de vos logiciels. Bien évidemment, il est fortement conseillé de les installer. La seconde, que l'on peut qualifier de* facultative, *correspond à l'actualisation de tous vos logiciels. Elle comprend également la mise à jour des pilotes qui permet d'installer ainsi les toutes dernières versions des drivers pour gérer vos périphériques.*

5 Dans la page centrale du service, toutes les mises à jour détectées par Windows Update s'affichent avec une description sur leur nature et leur date de publication. Si vous ne souhaitez pas installer une mise à jour particulière, il suffit de ne pas la sélectionner. À l'inverse, pour installer celles qui vous intéressent, cochez les cases correspondantes et validez par OK.

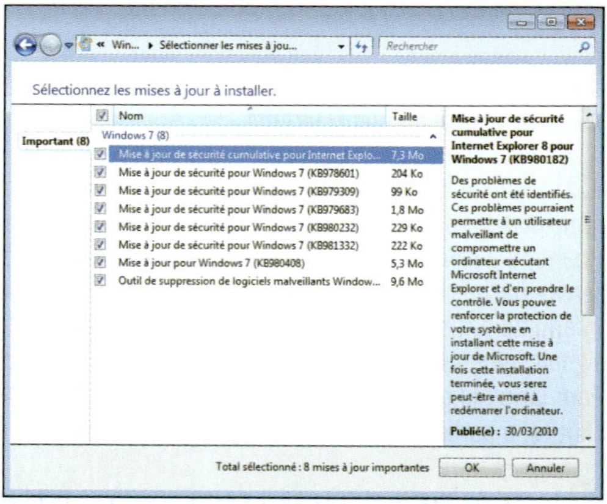

6 De retour dans la fenêtre précédente, cliquez sur le bouton **Installer les mises à jour** pour démarrer la procédure d'installation.

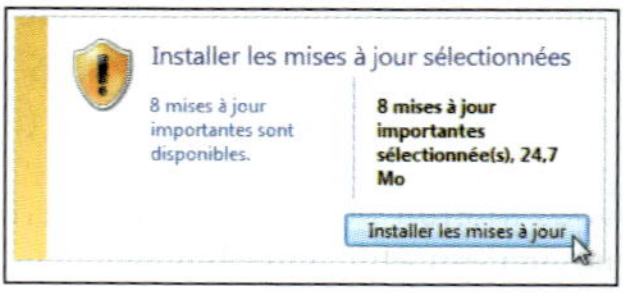

7 Selon le type de mise à jour sélectionnée, une boîte de dialogue peut apparaître pour afficher la licence d'utilisation des correctifs ou composants que vous allez télécharger. Acceptez-la en cliquant sur le bouton **J'accepte**.

8 Le transfert débute immédiatement après la validation de la licence. Notez que la procédure d'installation s'effectue automatiquement ensuite, sans qu'il soit nécessaire d'intervenir.

9 Au terme de l'installation, un message peut s'afficher pour vous proposer de redémarrer votre ordinateur. Cela permettra de rendre immédiatement opérationnelles les mises à jour que vous venez d'installer. Vous pouvez toutefois le faire plus tard.

10 Notez que, dans la fenêtre principale du service Windows Update, vous disposez d'un accès pour obtenir un récapitulatif de toutes les mises à jour que vous venez d'installer. Dans le cas où une procédure aurait échoué, vous en serez également informé à partir de ce récapitulatif. De fait, Windows Update enregistre le suivi de vos mises à jour sur ses serveurs et, pour savoir où vous en êtes à ce sujet, il suffit de cliquer sur le lien *Afficher l'historique des mises à jour*.

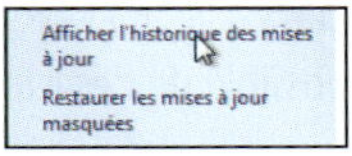

11 Toutes les mises à jour que vous effectuerez à partir du service Windows Update sont enregistrées et vous pouvez ainsi accéder à leur historique sous la forme d'un tableau de quatre colonnes. La première vous indique la nature de la mise à jour ; la seconde spécifie si la procédure d'installation a réussi ou non ; la troisième colonne, quant à elle, correspond au type de la mise à jour (importante ou facultative, par exemple) ; et la dernière vous rappelle la date de son installation.

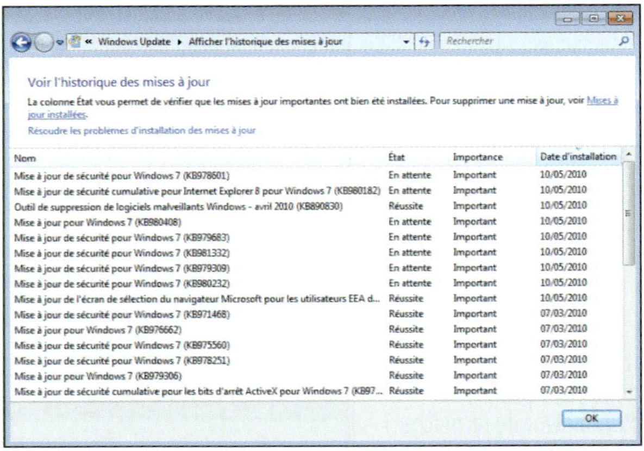

LA PERSONNALISATION D'INTERNET EXPLORER

Comme vous allez le constater, Internet Explorer est un outil particulièrement souple qui n'exige aucune configuration spécifique pour être utilisé. Cela dit, rien ne vous interdit de personnaliser certaines de ses fonctionnalités pour vous rendre la navigation plus agréable.

► Configurer Internet Explorer

Nous vous proposons ici de modifier les paramètres basiques d'Internet Explorer. De fait, il existe encore bien d'autres réglages à effectuer mais qui correspondent, comme nous le verrons plus loin (dans le chapitre sur la sécurité ou dans nos fiches pratiques), à une configuration avancée du programme.

Démarrer avec MSN

Lorsque vous démarrez Internet Explorer, celui-ci tente de se connecter immédiatement sur la page d'accueil du portail MSN de Microsoft sans vous demander votre avis. Rien d'anormal, il a été configuré ainsi par défaut. Heureusement, il est possible de désactiver cette fonctionnalité.

1 Démarrez Internet Explorer et laissez-le se connecter sur la page d'accueil du service MSN.

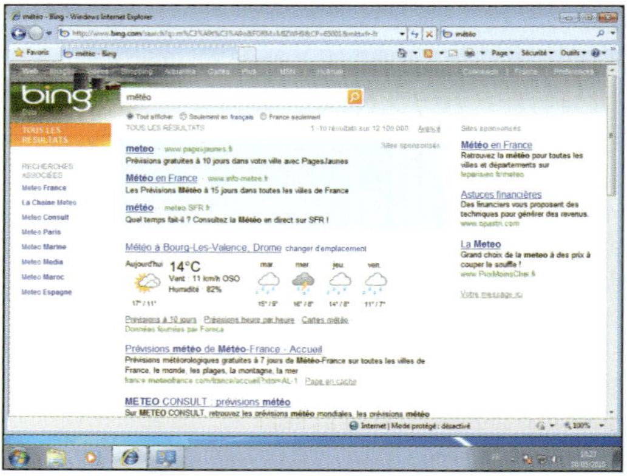

2 Comme vous pouvez le constater, vous disposez ici d'un moteur de recherche (Bing) simple à prendre en main. Il suffit d'inscrire vos mots-clés dans le formulaire conçu à cet effet et de cliquer sur le bouton situé à droite de la zone de texte pour démarrer le traitement de vos requêtes. Vous obtiendrez immédiatement une liste d'adresses de pages web correspondant à l'objet de votre recherche.

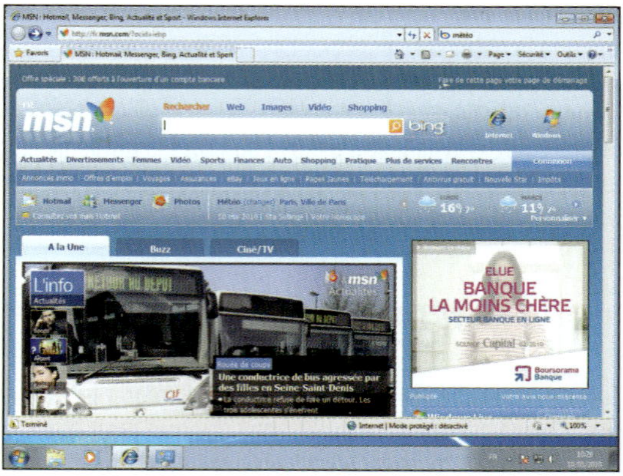

Dès lors, si les services du portail MSN vous intéressent, rien ne vous empêche de conserver cette page de démarrage, proposée par défaut par Internet Explorer. Mais, dans le cas contraire, vous avez la possibilité d'en définir une autre.

Démarrer sans MSN

Si vous n'êtes pas un adepte des services proposés par Microsoft, rien ne vous interdit d'en choisir d'autres en sélectionnant une autre page de démarrage. Et si le cœur vous en dit, vous pourrez même désactiver cette fonctionnalité en choisissant de démarrer avec une page vierge, sans vous connecter à un quelconque site.

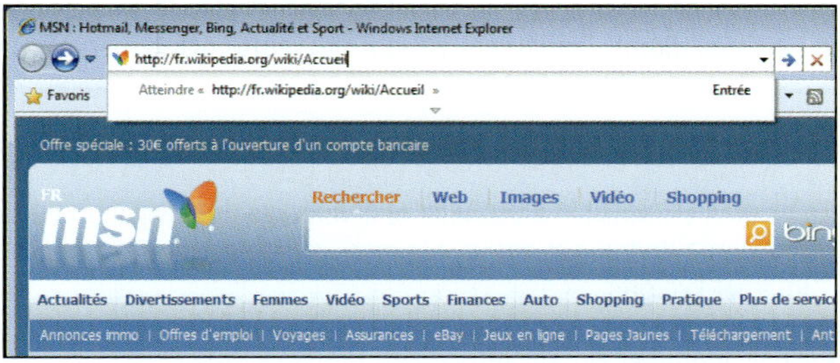

1 Indiquez dans la barre d'adresse du navigateur l'**URL** de la page que vous souhaitez afficher et validez par Entrée. Celle-ci doit apparaître dans la fenêtre principale d'Internet Explorer. Dans notre exemple, nous avons saisi l'adresse de la célèbre encyclopédie en ligne Wikipédia : http://fr.wikipedia.org/wiki/Accueil.

URL

Universal *(ou* Uniform*)* Resource Locator *: désigne l'adresse d'un site web.*

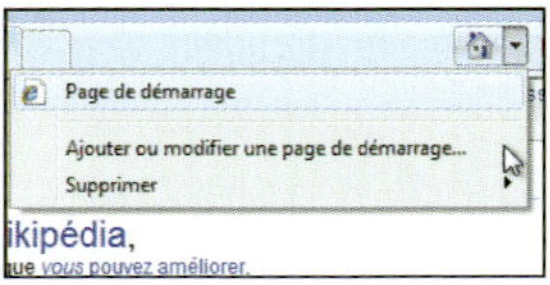

2 Cliquez sur la flèche du bouton d'accueil de la barre d'outils du navigateur pour afficher un menu déroulant.

3 Sélectionnez la commande **Ajouter ou modifier une page de démarrage**.

4 Cochez ensuite, dans la boîte de dialogue qui s'affiche, une des deux options proposées :

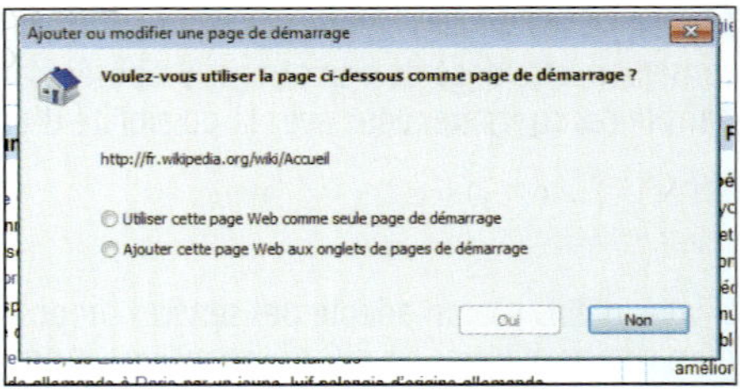

- *Utiliser cette page Web comme seule page de démarrage* : enregistre l'adresse de la page courante pour l'utiliser comme page de démarrage lorsque vous ouvrez la fenêtre de votre navigateur.
- *Ajouter cette page Web aux onglets de pages de démarrage* : en sélectionnant cette option, vous avez la possibilité d'afficher plusieurs pages de démarrage qui s'ouvriront simultanément sous plusieurs onglets de navigation lorsque vous lancez votre navigateur.

5 Cliquez sur le bouton **Oui** pour enregistrer votre nouveau paramètre de démarrage.

Notez qu'il est possible d'accélérer le démarrage du navigateur en supprimant toute connexion automatique sur un site web lorsque vous ouvrez une nouvelle fenêtre d'Internet Explorer.

1 Démarrez Internet Explorer.

2 Cliquez sur la flèche du bouton d'accueil de la barre d'outils du navigateur pour afficher le menu déroulant que vous avez vu précédemment.

3 Sélectionnez cette fois-ci la commande **Supprimer/Page de démarrage** pour effacer l'adresse de la page de démarrage que vous aviez définie. Comme vous le verrez, si vous utilisez plusieurs pages de démarrage, une boîte de dialogue s'affichera pour vous demander quelle page vous souhaitez supprimer.

4 Si vous voulez supprimer toutes les pages de démarrage que vous aviez définies, sélectionnez la commande **Supprimer/Supprimer tout**. De cette façon, Internet Explorer affichera un document vierge lorsque vous ouvrirez sa fenêtre principale.

Autres paramètres

Il existe encore plusieurs autres paramètres à personnaliser, si vous le cœur vous en dit. Tout d'abord, rien ne vous empêche de passer par la boîte de dialogue générale des options d'Internet Explorer pour définir vos pages de démarrage. Vous disposerez, en outre, de commandes supplémentaires pour le faire.

1 Démarrez Internet Explorer.

2 Cliquez sur la flèche du bouton **Outils** de la barre d'outils du navigateur pour afficher un menu déroulant.

3 Sélectionnez la commande **Options Internet**.

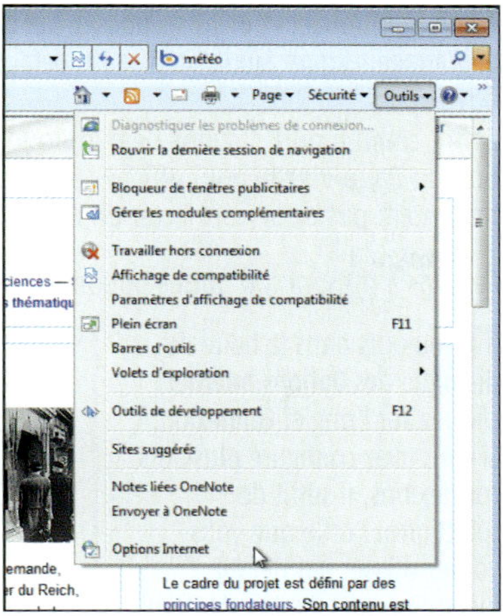

4 Sous l'onglet **Général**, cliquez sur le bouton **Page actuelle**. La page actuellement affichée dans la fenêtre du navigateur désignera maintenant celle qui sera automatiquement chargée au démarrage.

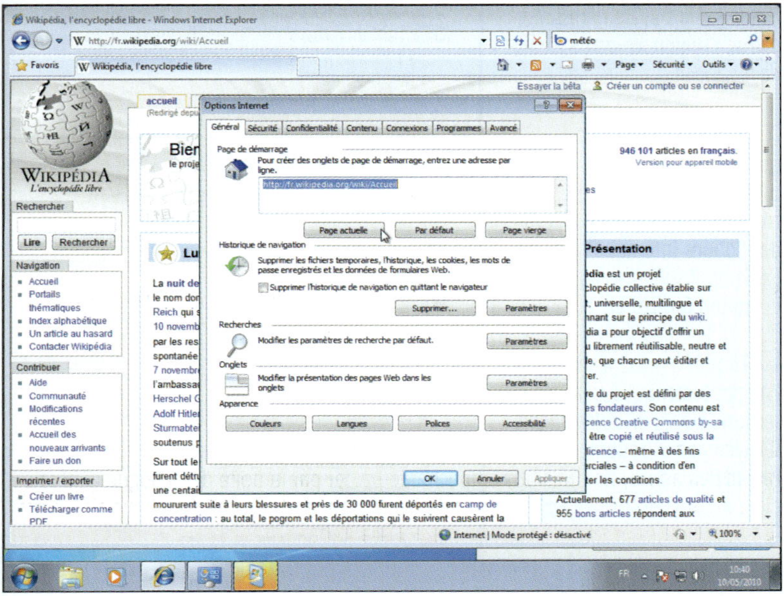

5 Pour retrouver l'adresse proposée par défaut dans Internet Explorer pour la page de démarrage, cliquez sur le bouton **Par défaut**.

Enfin, comme nous l'avons déjà indiqué, vous pouvez également cliquer sur le bouton **Page vierge** pour afficher une page blanche. De cette façon, Internet Explorer ne tentera pas de se connecter en ligne lorsque vous le démarrerez.

Passons à présent à d'autres options basiques.

1 Toujours dans la boîte de dialogue des **Options Internet**, cliquez sur l'onglet **Connexion**. Si vous avez configuré plusieurs connexions, il suffit de sélectionner celle que vous voulez utiliser par défaut lorsqu'Internet Explorer a besoin de se connecter en ligne.

2 Si vous ne souhaitez pas qu'Internet Explorer se connecte automatiquement à Internet lorsque cela s'avère nécessaire, cochez l'option *Ne jamais établir de connexion*.

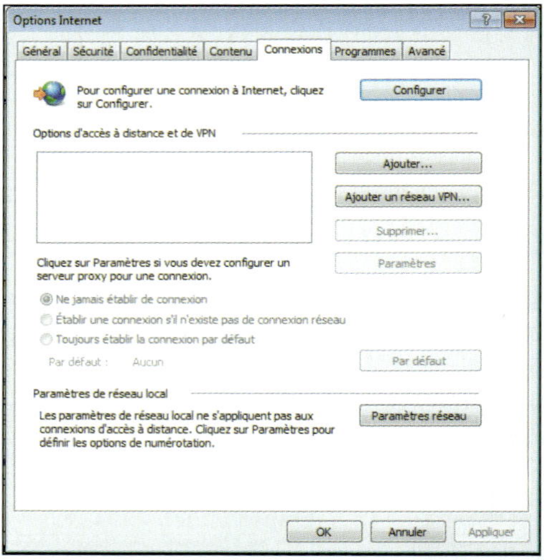

3 Enfin, vous pouvez configurer une nouvelle connexion directement à partir des Options Internet d'Internet Explorer. Il suffit de cliquer sur le bouton **Configurer**.

4 Cliquez à présent sur l'onglet **Contenu**. Sous la section *Saisie semi-automatique*, sélectionnez le bouton **Paramètres**.

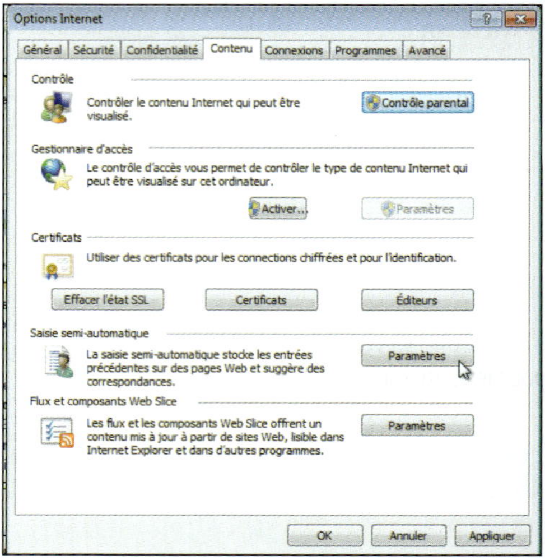

5 La saisie semi-automatique permet de compléter automatiquement le début de ce que vous avez déjà inscrit. Cette fonction s'applique à différentes situations que vous pouvez sélectionner, ou désactiver, dans la boîte de dialogue qui s'affiche ici : adresses web, formulaires, identifiant et mot de passe dans les formulaires... Vous pouvez également effacer toutes vos saisies automatiquement enregistrées par Internet Explorer en cliquant sur le bouton **Supprimer l'historique de saisie semi-automatique**.

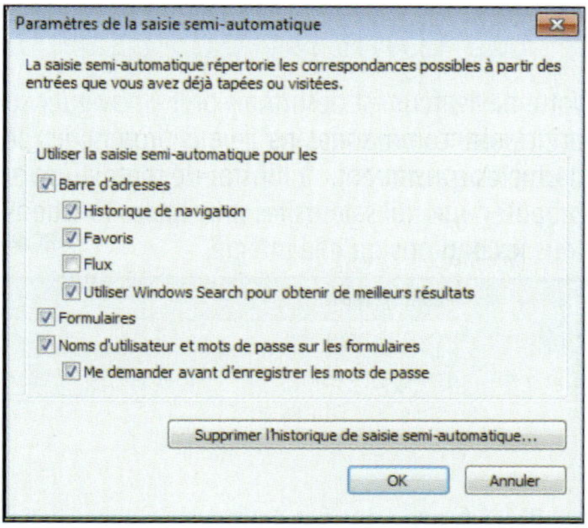

6 Cliquez enfin sur l'onglet **Programmes**. Vous avez la possibilité ici de définir les programmes qui s'exécuteront automatiquement en sélectionnant certaines commandes proposées par Internet Explorer : éditeur de pages web, logiciel de courrier électronique, lecteur de news, téléphonie/visioconférence, calendrier et carnet d'adresses.

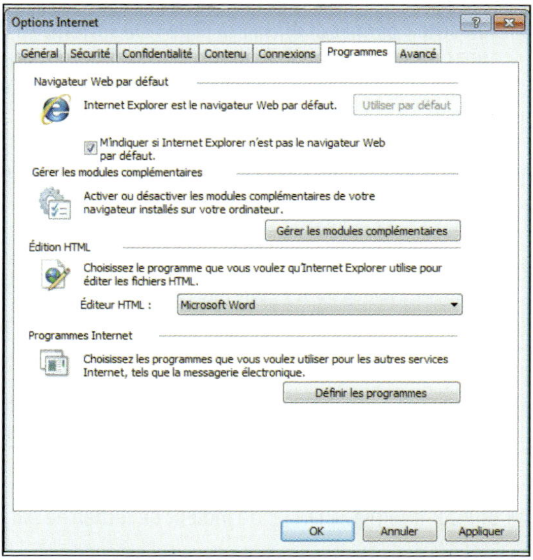

Une fois que vous aurez effectué toutes vos modifications, cliquez sur le bouton OK pour les enregistrer.

► Les commandes essentielles

Votre navigateur est désormais prêt à naviguer sur le Web. Voyons maintenant les principales commandes qu'il vous propose par le biais de ses barres d'outils. Ces dernières constituent, à l'instar de toute autre application, un espace privilégié pour proposer aux utilisateurs les principales fonctions du programme. Passons en revue tous les boutons qu'elle intègre.

- 
Précédente : permet d'afficher la page web précédente.
- 
Suivante : permet d'afficher la page web suivante (si vous avez utilisé auparavant le bouton **Précédente**). Vous disposez, en outre, d'un menu déroulant pour sélectionner précisément la page que vous souhaitez afficher.
- 
Arrêter : lorsqu'une page web met trop de temps pour s'afficher, cliquez sur ce bouton pour arrêter le transfert.
- 

Actualiser : permet d'actualiser une page lorsque les textes ou les graphiques n'ont pas été complètement chargés, ou lorsqu'elle contient une information qu'il faut remettre à jour (cours de la bourse, par exemple).
- 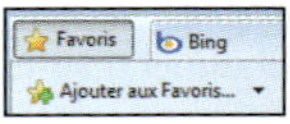

Rechercher : permet d'effectuer une recherche sur Internet en saisissant dans cette zone de texte un ou plusieurs mots-clés. Vous disposez ici d'un menu déroulant pour modifier certains paramètres de votre recherche : effectuer votre recherche sur la page affichée plutôt que sur Internet, changer de moteur de recherche par défaut, etc.
- 

Favoris : affiche les adresses de sites web que vous avez enregistrées dans vos favoris. Le second bouton permet d'ajouter de nouvelles adresses. Nous y reviendrons plus en détail ultérieurement.
- 

Onglets : vous disposez d'un système d'onglets pour naviguer sur plusieurs sites en n'ouvrant qu'une seule fenêtre d'Internet Explorer. Le premier bouton permet d'afficher une vue en mosaïque de tous les onglets, tandis que le deuxième permet de sélectionner, à partir d'une liste, l'onglet que vous souhaitez afficher. À droite de tous les onglets ouverts, vous pouvez cliquer sur un bouton vierge pour ouvrir un nouvel onglet. Il suffira alors de saisir l'adresse du site qui vous intéresse dans la barre conçue à cet effet pour afficher la page correspondante sous votre onglet.

- **Démarrage** : cliquez sur ce bouton pour vous connecter sur la page de départ (par défaut, celle du service Live.com de Microsoft, comme nous l'avons vu précédemment). Vous disposez, en outre, d'un menu déroulant pour ajouter ou modifier une page de démarrage.

- **Flux** : permet de s'abonner à des flux d'informations (RSS), de les gérer ou de les consulter.

- **Lire le courrier** : démarre votre programme de courrier électronique pour lire les messages que vous avez reçus.

- **Imprimer** : imprime le document que vous consultez dans la fenêtre principale d'Internet Explorer.

- **Page** : propose un menu déroulant contenant plusieurs commandes qui seront présentées plus loin.

- **Outils** : permet d'afficher un menu déroulant pour accéder à différentes commandes qui seront présentées ultérieurement.

- **Sécurité** : permet d'accéder, à partir d'un menu déroulant, à plusieurs commandes dédiées à la sécurité de votre système lorsque vous naviguez sur Internet. Elles seront présentées plus en détail au chapitre *Sécuriser les connexions.*

Vous disposez enfin d'un bouton spécifique pour afficher les dernières commandes de la barre d'outils principale d'Internet Explorer.

Celui-ci vous permet d'accéder à des programmes supplémentaires. De fait, certaines applications que vous installerez ultérieurement insèrent automatiquement un bouton dans la barre d'outils pour proposer un démarrage instantané à partir d'Internet Explorer.

Notez enfin que vous pouvez afficher ou masquer les barres d'outils de votre choix en utilisant, depuis le menu déroulant **Outils**, la commande **Barre d'outils** suivie du nom de la barre d'outils que vous souhaitez faire apparaître ou disparaître de l'interface du navigateur.

La barre de menus

D'autres commandes, toutes aussi importantes que les précédentes, sont disponibles à partir de la barre de menus d'Internet Explorer. Pour la faire apparaître, sélectionnez la commande **Barre d'outils/Barre de menus** à partir du menu déroulant **Outils**.

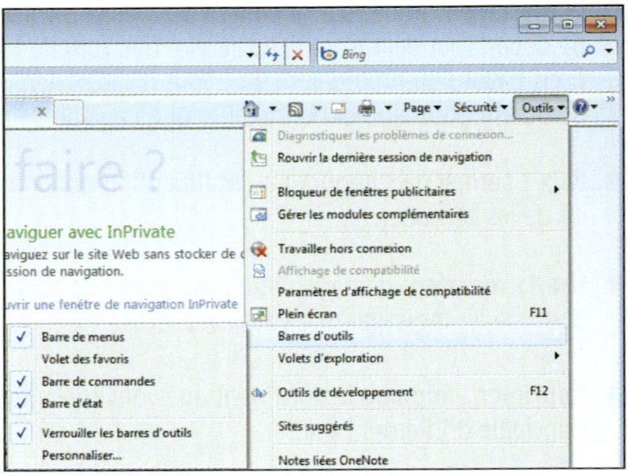

Le menu **Fichier** propose des commandes standards que l'on retrouve dans toute autre application. Par exemple :

- **Ouvrir** : permet d'ouvrir une page web enregistrée sur votre disque dur ou une disquette. Vous pouvez également inscrire une adresse pour vous connecter en ligne et afficher un document.

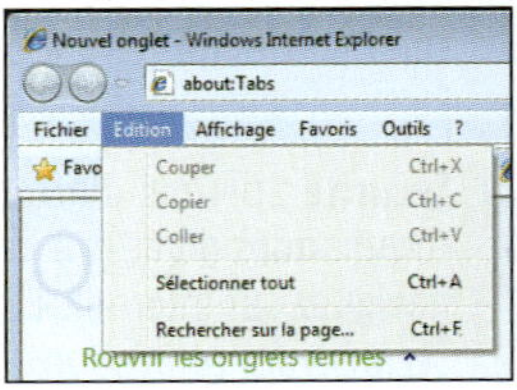

Formats reconnus

Votre navigateur peut ouvrir et afficher d'autres formats de fichiers que le HTML (format de création des pages Web). Ainsi, vous êtes en mesure de visualiser directement à partir d'Internet Explorer des images aux formats GIF, PNG, BMP et JPEG et aussi exécuter des animations Macromedia Flash ou des applications développées en Java. Bref, votre navigateur vous rendra bien des services dans de nombreuses situations.

- **Enregistrer sous...** : sélectionnez cette commande pour sauvegarder un document web au format HTML ou texte, ou de façon complète avec les images et toutes les autres animations qu'il peut contenir.

Le menu **Edition** propose également des commandes courantes :

- **Copier** : copie dans le Presse-papiers de Windows un élément que vous avez sélectionné sur une page.
- **Rechercher sur la page** : effectue une recherche textuelle sur la page qui est affichée.

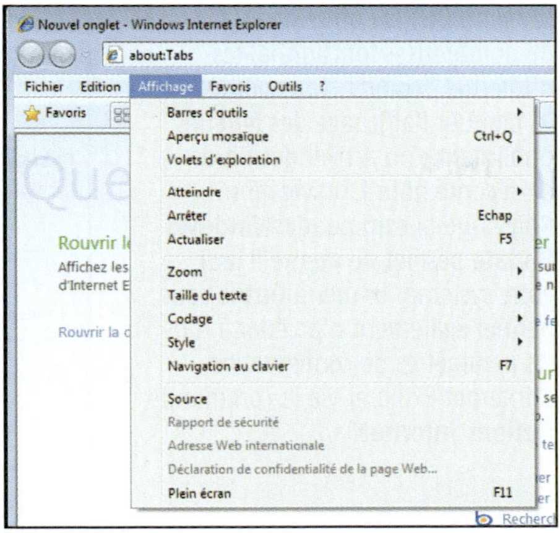

Le menu **Affichage** propose différentes options qui modifient les paramètres d'Internet Explorer. Vous pouvez également en savoir plus sur les propriétés des documents que vous affichez.

- **Barres d'outils** : permet d'afficher ou de masquer les différentes barres d'outils proposées par Internet Explorer.
- **Volet d'exploration** : permet d'afficher ou de masquer les fenêtres supplémentaires du navigateur : recherche, favoris, flux d'informations, historique, etc.
- **Taille du texte** : permet de modifier la taille du texte qui s'affiche à l'écran.
- **Codage** : modifie le jeu de caractères utilisé par un document (permet de passer, par exemple, en mode d'affichage cyrillique).
- **Source** : affiche le code source HTML de la page que vous consultez.

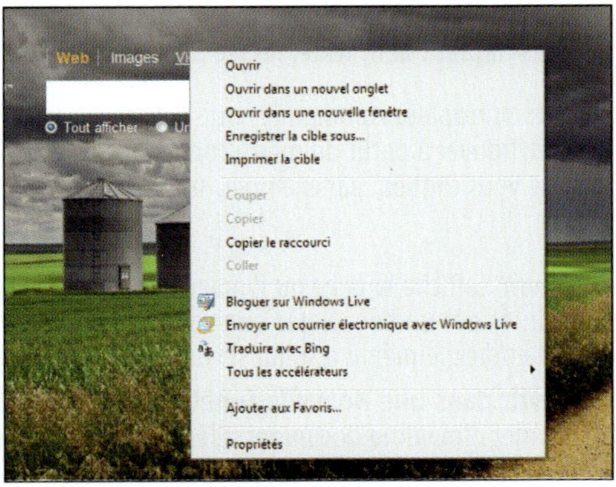

Le menu **Favoris** permet d'enregistrer les adresses des sites que vous visitez pour y revenir plus tard sans qu'il soit nécessaire de saisir leur adresse. Nous aurons l'occasion de détailler plus longuement cette fonctionnalité lors du prochain chapitre.

Le menu **Outils** donne accès à de nombreuses fonctionnalités d'Internet Explorer. Vous pouvez ici bloquer l'affichage des fenêtres publicitaires ou activer des filtres de sécurité pour la navigation. Notez que la commande **Windows Update** permet de mettre à jour votre système. Le menu **Outils** vous permet également d'accéder à tous les paramètres de configuration d'Internet Explorer via la commande **Options Internet**.

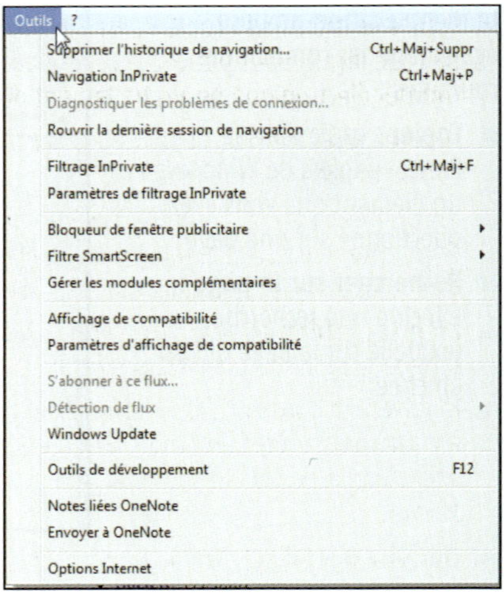

Le menu contextuel

En cliquant sur le bouton droit de la souris lorsque le pointeur est positionné sur un lien, une image ou n'importe où ailleurs sur le document, vous affichez un menu contextuel qui propose de nombreuses commandes fort intéressantes. Notez que les options offertes par ce menu varient sensiblement selon l'endroit où vous cliquez : lien, texte, image...

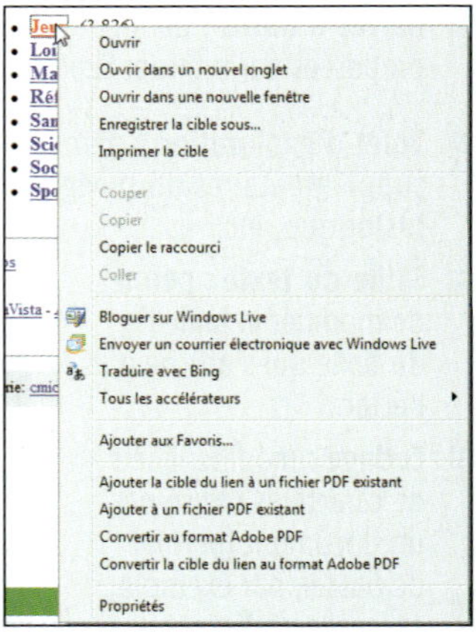

Voici les principales commandes que vous pourrez trouver à partir du menu contextuel lorsque vous cliquez, par exemple, sur un lien :

- **Ouvrir** : affiche la page ou l'image pointée par un lien. Notez que vous obtiendrez le même résultat si vous cliquez directement sur le lien.
- **Ouvrir dans une Nouvelle Fenêtre** : identique à la commande **Ouvrir**, mais permet d'ouvrir le document référencé par le lien dans une nouvelle fenêtre sans quitter la première.
- **Enregistrer la cible sous** : permet d'enregistrer directement sur votre disque dur la page référencée par un lien sans qu'il soit nécessaire de l'afficher.
- **Imprimer la cible** : permet d'imprimer directement la page référencée par un lien sans qu'il soit nécessaire de l'afficher.

- **Copier le raccourci** : copie l'adresse d'un lien dans le Presse-papiers de Windows. De cette façon, vous pouvez la coller dans une autre application, votre logiciel de courrier électronique ou un traitement de texte, par exemple.
- **Ajouter aux favoris** : permet d'enregistrer directement l'adresse de la page courante dans la liste des favoris.
- **Propriétés** : permet d'obtenir des informations sur la page que vous consultez. Notez que, lorsque la commande s'applique à une image, vous pouvez connaître son poids et ses dimensions exactes.
- **Blog sur Windows Live** : connectez-vous instantanément sur le site d'hébergement de blogs Windows Live Spaces.
- **Envoyer un courrier électronique avec Windows Live** : accédez directement à votre courrier électronique si vous disposez d'un compte Hotmail. Notez que vous avez la possibilité d'en créer un gratuitement à partir de la page d'accueil du service.
- **Traduire avec Bing** : permet de traduire en ligne, avec les outils de traduction de Microsoft, la page que vous affichez dans la fenêtre de votre navigateur.

LA RECHERCHE

La recherche constitue probablement l'activité la plus répandue parmi toute la communauté des internautes. En ce sens, il existe un nombre considérable d'outils de recherche sur le Web pour vous faciliter vos investigations. Mais avant d'en passer par eux, pourquoi ne pas utiliser ceux que vous propose Internet Explorer.

▶ Une recherche intégrée

Pour profiter des fonctionnalités de recherche d'Internet Explorer sur le Web, vous devez auparavant vous connecter à Internet car elle ne fonctionne pas en mode déconnecté.

1 Démarrez votre navigateur.

2 Saisissez, dans la zone de texte conçue à cet effet et placée dans la barre d'outils du navigateur, un ou plusieurs mots-clés correspondant à votre recherche. Notez que le navigateur affiche un menu déroulant au moment de la saisie et vous propose, via son service de recherche Bing, une liste d'adresses pouvant correspondre aux termes de votre choix.

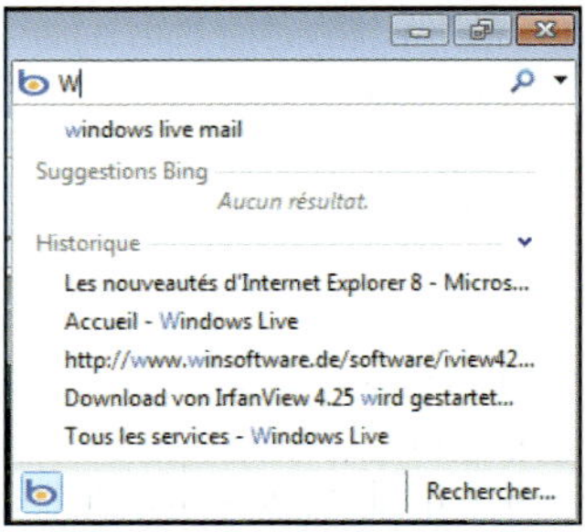

3 Cliquez sur le bouton à droite de la zone de texte ou validez votre saisie par [Entrée] pour démarrer la recherche.

4 Le résultat de votre recherche s'affiche dans votre navigateur. Comme vous pouvez le constater, Internet Explorer a automatiquement exploité les services du moteur de recherche de Microsoft : Bing.

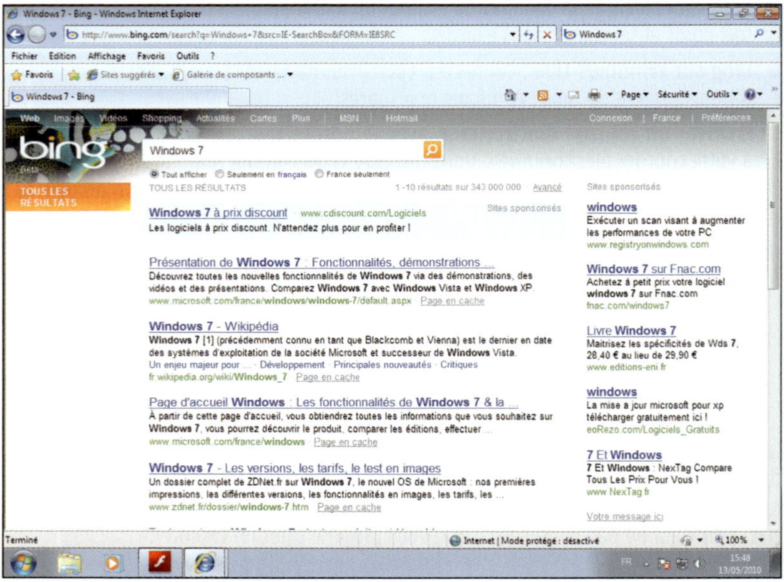

Bien entendu, vous avez la possibilité d'utiliser d'autres moteurs de recherche ou de modifier certains paramètres pour traiter vos requêtes.

1 Toujours à partir de la zone de texte dédiée à vos recherches dans la barre d'outils d'Internet Explorer, cliquez sur la flèche du bouton que vous avez utilisé précédemment. Un menu déroulant s'affichera immédiatement.

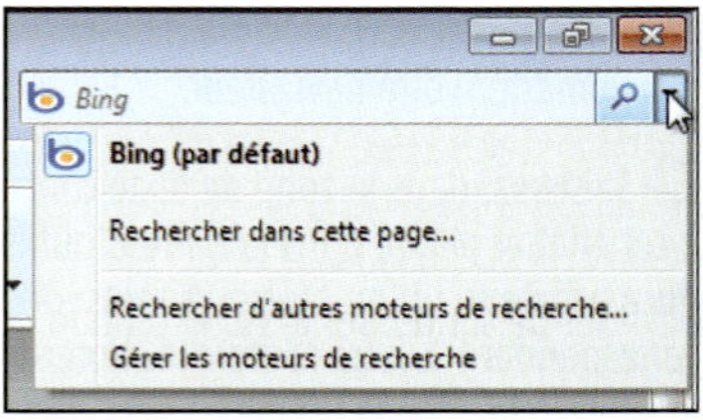

2 La seconde commande, intitulée **Recherche dans cette page**, permet de limiter la portée de la recherche (des mots-clés que vous venez de saisir) à la page affichée dans la fenêtre courante d'Internet Explorer, et non plus dans tout le Web avec le service Bing de Microsoft.

3 Sélectionnez la commande **Rechercher d'autres moteurs de recherche** pour ajouter de nouveaux moteurs de recherche dans la fonction de recherche intégrée à Internet Explorer.

4 Dans la nouvelle page qui s'affiche, cliquez sur le moteur de recherche que vous souhaitez ajouter dans votre navigateur.

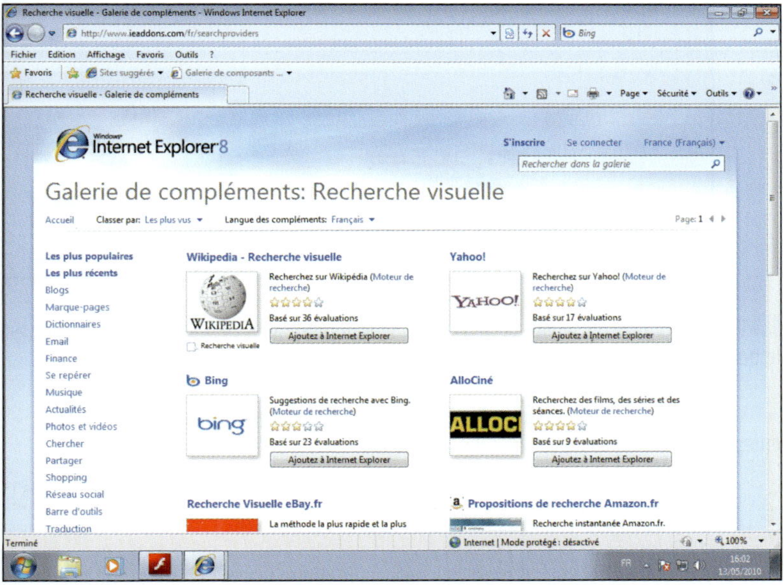

5 Une boîte de dialogue apparaît pour confirmer votre choix. Notez que vous pouvez utiliser le moteur de recherche sélectionné comme service de recherche par défaut, à la place de celui de Bing. Il suffit de cocher l'option *En faire mon moteur de recherche par défaut* avant de cliquer sur le bouton **Ajouter**. Vous pouvez également cocher l'option *Utiliser les suggestions de recherche de ce moteur* pour modifier les résultats proposés par défaut avec le bouton **Sites suggérés** que nous avons vu précédemment.

6 Pour personnaliser la configuration de la recherche, sélectionnez la commande **Gérer les moteurs de recherche**.

7 Dans la fenêtre **Gérer les modules complémentaires Internet Explorer** qui s'affiche, sélectionnez le moteur de recherche de votre choix et cliquez sur le bouton **Par défaut** pour l'utiliser systématiquement lorsque vous saisissez des mots-clés dans la zone de texte prévue à cet effet dans la barre d'outils d'Internet Explorer.

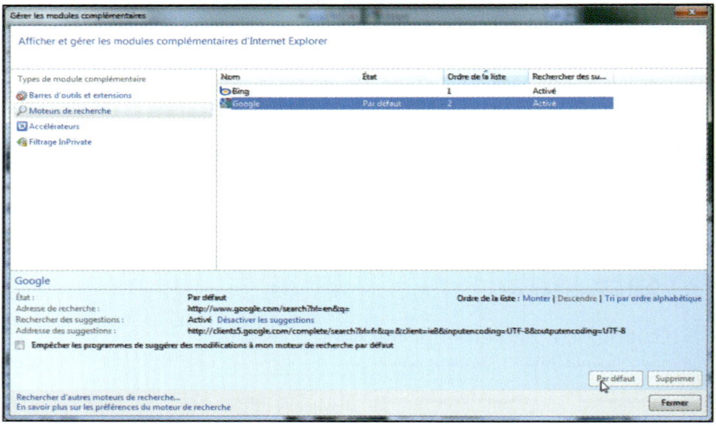

8 Pour supprimer un service de recherche, sélectionnez-le et cliquez tout simplement sur le bouton **Supprimer**.

9 Validez par OK la fenêtre **Gérer les modules complémentaires Internet Explorer** pour enregistrer votre nouvelle configuration personnalisée.

▶ Ne pas revenir bredouille...

Pour réussir vos recherches, il n'est pas nécessaire d'être un spécialiste ou de posséder des compétences techniques pointues. Quelques conseils de bon sens, avec le plus célèbre des moteurs de recherche, Google, suffiront largement.

1 Pour une recherche simple, inutile de perdre votre temps et de vous compliquer la vie. Connectez-vous directement sur Google et saisissez un ou deux termes dans son formulaire. Cela s'avère suffisant dans la majorité des cas.

2 Pour une recherche plus pointue et plus précise, il convient de sortir une feuille de papier et un crayon (ou un éditeur de texte, NotePad par exemple), et d'inscrire une liste de mots-clés correspondant à votre recherche. Choisissez des termes génériques et d'autres plus précis, puis lancez vos recherches. De cette façon, vous êtes sûr de ne pas oublier certains termes importants qui pourront vous mener efficacement aux informations recherchées.

3 Pour choisir vos mots-clés, évitez autant que possible les termes trop généraux, ou alors accompagnez-les d'un autre terme plus précis pour affiner vos requêtes. Dans le même esprit, évitez les verbes et préférez les noms propres et les noms communs.

4 N'hésitez pas à employer les guillemets pour réduire le nombre de pages que vous obtiendrez dans vos résultats lorsque vous recherchez une expression.

5 Ne vous laissez pas abuser par des noms de domaine identiques. Si Google n'affiche pas plus de deux liens par site, il peut toutefois se faire piéger avec des adresses de type `http://un_nom.domaine.com` et `http://autre_nom.domaine.com`.

6 Faites la différence entre les liens proposés à partir de l'index et les liens publicitaires. Ces derniers peuvent apparaître de plusieurs façons et ils ne correspondront pas toujours à l'objet de votre recherche :

- Tout au début de la liste des résultats, les liens sponsorisés apparaissent dans une couleur de fond pastel. Ils ne sont pas plus de trois, et la mention «*Liens commerciaux*» est clairement visible.

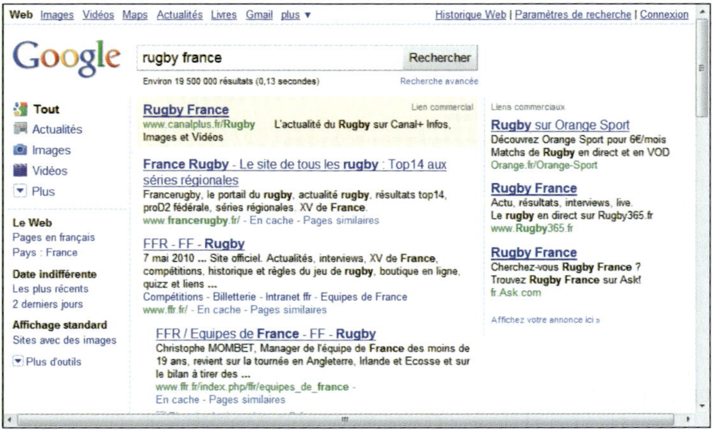

- Dans la colonne de droite, plusieurs publicités (appelées *AdWords*) s'affichent sous forme de liens avec une description textuelle clairement publicitaire elle aussi, à l'instar des liens sponsorisés que nous avons vus plus haut. Ils ne sont pas plus de huit et la mention «*Liens commerciaux*» apparaît en en-tête.

7 Laissez Google corriger vos requêtes. En général, si vous faîtes une faute d'orthographe, Google vous proposera comme premier résultat un lien qui exécutera une nouvelle fois votre requête avec le même terme, mais correctement orthographié cette fois-ci.

8 Si vous recherchez uniquement des pages écrites en anglais, passez alors par www.google.com plutôt que www.google.fr. De fait, le site américain propose des filtres spécifiques qui ne s'appliqueront qu'aux documents rédigés dans la langue de Shakespeare.

9 Exécutez vos requêtes en plusieurs fois, avec des termes différents, plutôt que d'inscrire tous vos mots-clés dans le formulaire. De fait, si vous les saisissez tous, vous limiterez nécessairement votre recherche.

▸ Rechercher dans le cache

Il arrive parfois, lorsque vous cliquez sur un lien proposé dans les pages de résultats de Google, que le document référencé n'existe plus. Heureusement, avec Google, une petite astuce vous permettra tout de même d'afficher le document manquant. Il suffit effectivement de faire appel à son cache, c'est-à-dire aux pages enregistrées dans son index.

1 Connectez-vous sur Google.

2 Inscrivez vos mots-clés dans la zone de texte conçue à cet effet.

3 Cliquez sur le bouton **Recherche Google** après avoir coché une des trois options proposées : *Web*, *Pages francophones*, *Pages : France*.

4 Sur la page de résultats, cliquez sur les liens intitulés *En cache* plutôt que de cliquer directement sur les liens du titre des pages comme vous le faites d'habitude.

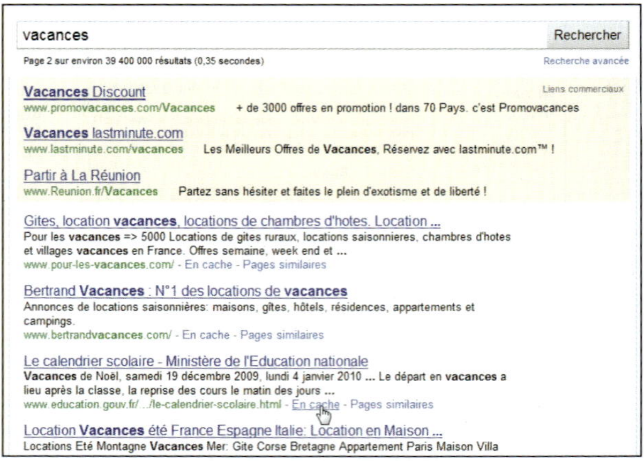

5 Comme vous pouvez le constater, la page s'affiche sans aucune difficulté avec un petit descriptif de la fonction cache de Google pour vous rappeler d'où elle provient.

Concrètement, en utilisant la fonction cache du moteur de recherche, n'importer quel internaute peut consulter une page enregistrée par Google dans son index, même si celle-ci est indisponible sur le serveur initial au moment où vous effectuez votre recherche.

Mise à jour

La fonction cache de Google est également très utile lorsque vous affichez une page qui ne correspond pas du tout aux mots-clés que vous aviez saisis. Cela signifie que le site a mis à jour son document et que le robot de Google ne l'a pas encore fait dans son index. Dès lors, reportez-vous à la page enregistrée dans le cache pour trouver les informations qui vous intéressent.

Notez enfin que vous pouvez exécuter directement la fonction cache à partir du formulaire de recherche de Google pour consulter une page spécifique dont vous connaissez l'adresse.

1 Connectez-vous sur Google.

2 Pour afficher la page d'accueil du site de Yahoo! France à partir du cache de Google, saisissez la syntaxe suivante : `cache:www.yahoo.fr`.

3 Cliquez sur le bouton **Rechercher** ou, si vous vous trouvez sur la page d'accueil de Google, sur le bouton **Recherche Google**.

4 La page d'accueil du site de Yahoo! France, enregistrée dans l'index de Google, s'affiche immédiatement.

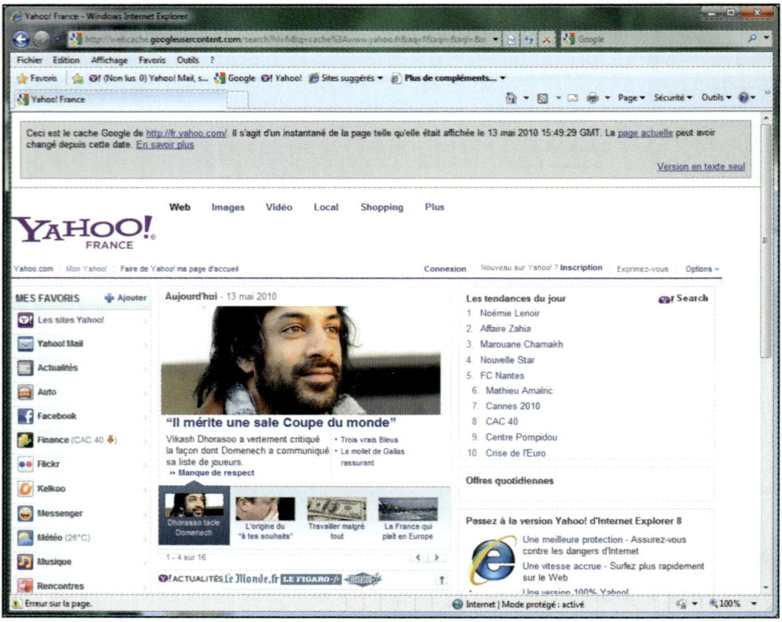

▶ Rechercher des sites identiques (ou presque...)

Comme vous avez pu le remarquer en effectuant vos recherches et en exploitant les résultats de Google, vous disposez d'un lien bien particulier associé à toutes les pages correspondant à vos critères de recherche : *Pages similaires*. Voyons alors l'intérêt de cette nouvelle fonction.

1 Connectez-vous sur Google.

2 Inscrivez vos mots-clés dans la zone de texte conçue pour effectuer vos recherches.

3 Cliquez sur le bouton **Recherche Google** après avoir coché une des trois options proposées : *Web*, *Pages francophones*, *Pages : France*.

4 Cliquez sur un des liens proposés sur la page de résultat pour afficher le document qui vous intéresse.

5 Si le site sur lequel vous venez de vous connecter correspond bien à votre recherche, revenez en arrière en cliquant sur le bouton **Précédente** de votre navigateur pour afficher une nouvelle fois la liste de résultats.

6 Cliquez cette fois-ci sur le lien *Pages similaires* plutôt que de cliquer directement sur le lien du titre de la page comme vous l'aviez fait précédemment.

7 Une nouvelle page de résultats s'affiche. Elle présente uniquement des adresses de sites dont le contenu est similaire à celui de la page précédente.

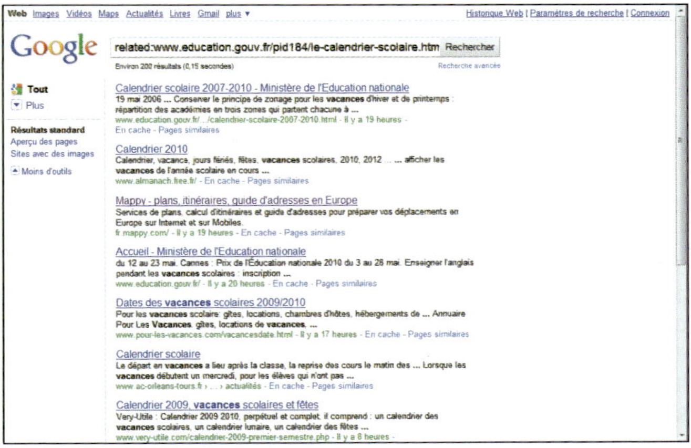

Si cette fonctionnalité s'avère fort intéressante, il convient toutefois d'apporter quelques bémols... En fait, l'analyse effectuée par Google pour dresser sa nouvelle liste de résultats n'est pas un modèle d'efficacité et l'on se retrouve souvent avec des pages qui ne correspondent absolument pas à l'objet de votre recherche.

▸ Cibler sa recherche

Parfois, il ne suffit pas de saisir un ou deux termes dans le formulaire de recherche de Google pour trouver votre bonheur sur le Web. Si l'objet de votre recherche l'exige, il convient d'adopter une syntaxe particulière, sensiblement plus complexe.

Comme vous le verrez avec le temps en utilisant Google, il existe de nombreuses fonctions conçues pour exécuter une recherche avancée et mieux ciblée. Cela dit, vous pouvez d'ores et déjà affiner vos requêtes avec le formulaire standard de Google, en intégrant dans votre requête un des trois opérateurs booléens disponibles.

Une syntaxe de recherche

Rassurez-vous, cela n'a rien d'effrayant. Directement issu de la célèbre logique booléenne, il se limite à quelques opérateurs facilement compréhensibles : `AND` *(*`ET`*),* `OR` *(*`OU`*),* `NOT` *(*`SAUF`*). Par défaut, lorsque vous entrez deux termes séparés d'un espace dans une requête, Google utilise le connecteur* `ET`*. De cette façon, il affiche uniquement les adresses des pages qui contiennent les deux mots-clés que vous venez de saisir.*

Voyons alors comment exécuter des requêtes plus précises avec les opérateurs dont vous disposez avec Google. Pour afficher d'abord toutes les adresses des pages qui contiennent deux mots-clés et, ensuite, celles où apparaît un seul d'entre eux, voici la procédure à suivre.

1. Connectez-vous sur Google.

2. Inscrivez vos deux mots-clés dans la zone de texte conçue pour effectuer vos recherches en les séparant par l'opérateur `OR`. Ainsi, pour rechercher les pages qui contiennent les termes «`mode`» et «`emploi`», ou uniquement le terme «`mode et emploi`», saisissez la requête suivante : `mode OR emploi`.

Majuscules obligatoires

Tapez obligatoirement votre opérateur en majuscules, sinon Google ne pourra pas l'interpréter correctement.

3. Cliquez sur le bouton **Recherche Google** après avoir coché une des trois options proposées pour délimiter votre champ de recherche (*Web*, *Pages francophones*, *Pages : France*).

4 Comme vous pourrez le constater, les résultats sont nettement plus nombreux que si vous aviez tapé vos deux termes sans l'opérateur `OR`, ce qui est normal compte tenu du fait que l'opérateur `ET` est appliqué par défaut et qu'il a pour effet de limiter le résultat aux pages qui contiennent uniquement vos deux termes.

Saisie alternative

À la place des caractères `OR`*, vous pouvez saisir le caractère* `|` *qui produira le même effet. Dans notre exemple, nous aurions effectivement pu inscrire cette requête :* `mode | emploi`.

Notez que l'opérateur `OR` s'avère fort utile pour effectuer une recherche en indiquant la lemmatisation d'un terme spécifique. Cela signifie que lorsque vous recherchez toutes les déclinaisons d'un mot (par exemple, *crêpière*, *crêperie*, *crêpe*, etc.), la plupart des moteurs de recherche vous permettent d'utiliser la syntaxe suivante qui intègre un astérisque : `crêp*`. Ce n'est malheureusement pas possible avec Google, et vous devrez alors adopter l'opérateur `OR` de cette façon : `crêpière OR crêperie OR crêpe`.

Autre exemple : recherchons maintenant les pages qui contiennent le mot «`emploi`», mais pas le terme «`offre`» (on devrait théoriquement éviter ainsi toutes les pages proposant des offres d'emploi).

1 Connectez-vous sur Google.

2 Inscrivez vos deux mots-clés dans la zone de texte de recherche en les séparant par l'opérateur - de cette façon : `emploi -offre`. Notez que l'opérateur - est collé au mot que vous souhaitez éviter de retrouver dans vos résultats.

3 Cliquez sur le bouton **Recherche Google**.

4 Comme vous pourrez le constater, aucune des pages obtenues ne contient le terme offre, sauf dans les liens commerciaux qui s'affichent avec les résultats de votre recherche.

Chapitre 2

NAVIGUER *sur le Web*

Internet Explorer propose un nombre considérable de fonctions pour exploiter toutes les richesses du Web. Cela va de l'optimisation de la navigation jusqu'à l'exécution de séquences multimédia en tous genres.

NAVIGUER CONFORTABLEMENT

Certaines fonctions d'Internet Explorer permettent d'utiliser le navigateur de façon plus confortable ou d'améliorer la rapidité de l'affichage des pages. Mais, pour en profiter, il convient de connaître les techniques qui permettent de le faire. Cela dit, avant de vous les présenter, voyons dans un premier temps certains principes fondamentaux pour la navigation.

▶ Gérer le cache

Le cache de votre navigateur constitue incontestablement une fonctionnalité essentielle qui assure un confort de navigation dont il serait dommage de se priver. En outre, il représente un paramètre incontournable pour augmenter la vitesse d'affichage des pages que vous avez déjà visitées. De quelle façon ? C'est ce que nous allons voir dès maintenant.

Le rôle du cache

L'intérêt d'un cache logiciel consiste à sauvegarder dans un espace réservé de votre disque dur les données que vous consultez. De cette façon, lorsque vous devez y retourner, il n'est plus nécessaire de vous reconnecter en ligne pour transférer, dans le cas du navigateur, une nouvelle fois la page web correspondante. De fait, Internet Explorer récupère directement les données à partir de votre disque dur, ce qui présente deux avantages de taille : une vitesse d'affichage bien plus rapide que lorsque vous devez vous brancher sur un serveur, et la possibilité de naviguer sans se connecter à Internet, ce qui signifie des économies de communication très intéressantes si vous disposez d'un accès bas débit via une ligne téléphonique.

Toutefois, utiliser un cache n'est pas toujours idéal. Dans certains cas, il constitue une source d'erreurs dont il faut se méfier. Par exemple, lorsque vous consultez une page qui contient des informations susceptibles de changer plusieurs fois par jour, vous risquez de visualiser une ancienne version du document, non actualisée. Dès lors, pour y remédier, il convient de paramétrer correctement votre cache.

Autre inconvénient : la fragmentation des données. De fait, les opérations d'enregistrement sur le cache sont très fréquentes, et cela entraîne une fragmentation des données. Cela signifie que les fichiers sont enregistrés à différents endroits du disque dur, ce qui implique des temps d'accès plus longs.

Les clusters

Le cache d'Internet Explorer contient généralement des fichiers de très petite taille (entre 1 ko et 10 ko). Or, ces derniers occuperont toujours un bloc entier (que l'on appelle «cluster») de votre disque, contribuant ainsi au phénomène de fragmentation. Concrètement, avec les disques de forte capacité (qui offrent plusieurs gigaoctets d'espace de stockage), un cluster représente 16 ko, ce qui entraîne par exemple une perte de 14 ko pour le stockage d'un fichier de 2 ko.

En outre, lorsque vous enregistrez d'autres fichiers sur votre disque (logiciels, documents de travail, etc.), ces derniers peuvent également être fragmentés en fonction de l'occupation de votre cache, si les fichiers temporaires qu'il contient sont éparpillés sur votre disque. Là encore, pour remédier à ce type de problème, vous devrez paramétrer correctement votre cache.

Défragmentation

Les systèmes Windows proposent un outil spécifique pour défragmenter votre disque dur et remettre un peu d'ordre dans vos fichiers. Cette opération doit se faire régulièrement (une fois par mois, par exemple) pour conserver des temps d'accès au disque optimums.

Pour accéder au défragmenteur de Windows 7 ou Windows Vista, sélectionnez la commande ***Tous les programmes\Accessoires\Outils système\Défragmenteur de disque*** *du menu* ***Démarrer*** *de la barre des tâches de Windows.*

Paramétrer le cache

Pour utiliser ou accéder correctement à votre cache, il convient de le paramétrer en fonction de vos besoins et de votre environnement de travail.

1 Démarrez Internet Explorer et sélectionnez la commande **Options Internet** du menu **Outils**.

2 Dans la boîte de dialogue qui s'affiche, sous l'onglet **Général**, cliquez sur le bouton **Supprimer** de la section *Historique de navigation*.

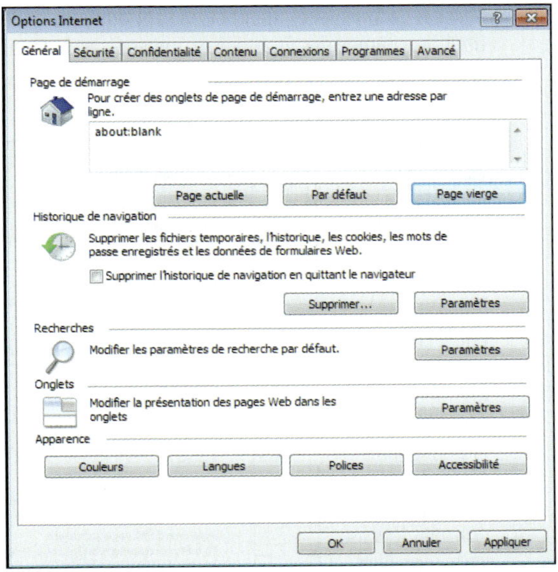

Confidentialité

Toutes les commandes de suppression de fichiers disponibles dans la boîte de dialogue ***Supprimer l'historique de navigation*** *permettent d'effacer de votre machine toute trace de votre parcours sur Internet. Il s'agit d'une technique particulièrement fiable permettant de préserver la confidentialité de vos données si vous partagez votre ordinateur avec d'autres utilisateurs. Notez que vous pouvez utiliser le bouton* ***Tout supprimer*** *pour effacer d'un seul clic l'ensemble de vos informations personnelles et de navigation enregistrées sur votre ordinateur.*

Vous disposez de plusieurs commandes pour nettoyer votre système :

- **Conserver les données des sites Web favoris** : conserve les cookies et les fichiers Internet temporaires qui permettent de vous identifier automatiquement sur certains services.
- **Fichiers Internet temporaires** : permet de supprimer tous les fichiers contenus dans le cache d'Internet Explorer.
- **Cookies** : permet de supprimer des fichiers susceptibles de vous identifier sur certains sites web.
- **Historique** : permet d'effacer de la liste des sites web que vous avez visités récemment.

- **Données de formulaires** : permet de supprimer toutes les informations saisies dans les champs des formulaires que vous avez remplis sur certains sites web.
- **Mot de passe** : permet de supprimer des mots de passe que vous avez entrés sur certains sites web.
- **Données de blocage InPrivate** : permet d'effacer toutes les informations enregistrées par le module InPrivate pour identifier les sites qui ont la permission d'accéder à certaines de vos données lorsque vous consultez leurs pages.

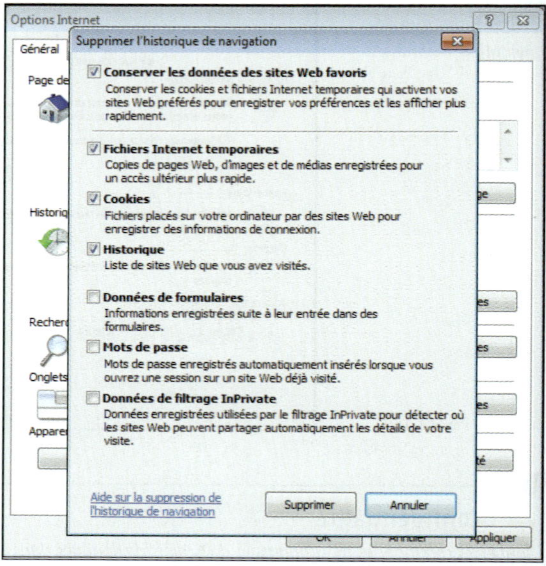

3 Cliquez sur le bouton **Supprimer** pour effacer les informations de votre choix et retourner dans la boîte de dialogue précédente.

Passez maintenant à la configuration de votre cache.

4 Cliquez sur le bouton **paramètres** de la section *Historique de navigation*.

5 Dans la boîte de dialogue **Paramètres**, vous allez pouvoir définir la façon dont le cache doit fonctionner. Ainsi, quatre options vous sont offertes pour vérifier s'il existe une nouvelle version de la page que vous souhaitez consulter.

- L'option *A chaque visite de cette page Web* permet de désactiver le cache et de ne pas utiliser cette fonctionnalité.
- L'option *A chaque démarrage de Internet Explorer* permet de vérifier les mises à jour des documents contenus dans le cache à chaque nouvelle exécution du navigateur.
- L'option *automatiquement* constitue probablement la meilleure solution. Elle consiste à laisser Internet Explorer gérer le fonctionnement du cache lui-même.

- L'option *jamais* représente la solution certes la plus rapide (utilisation systématique du cache), mais aussi la plus de risquée (vous pouvez effectivement afficher des documents non remis à jour, sans vous en apercevoir).

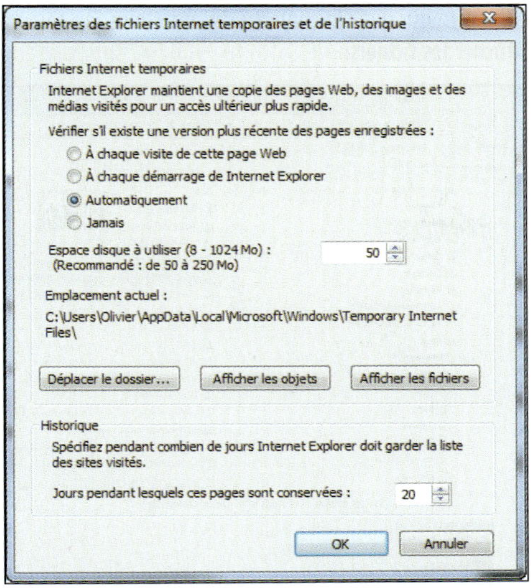

6 Sous les sections *Espace disque à utiliser* et *Emplacement actuel*, vous avez la possibilité de redéfinir la taille du cache et de déplacer son dossier. Notez que la place attribuée par défaut à votre cache représente 50 Mo sur votre disque. Dès lors, si vous avez besoin de plus d'espace pour enregistrer les pages des sites que vous avez visités, ou si vous utilisez très fréquemment votre cache pour naviguer hors connexion, vous pouvez augmenter sa taille en inscrivant une nouvelle valeur dans la zone de texte prévue à cet effet.

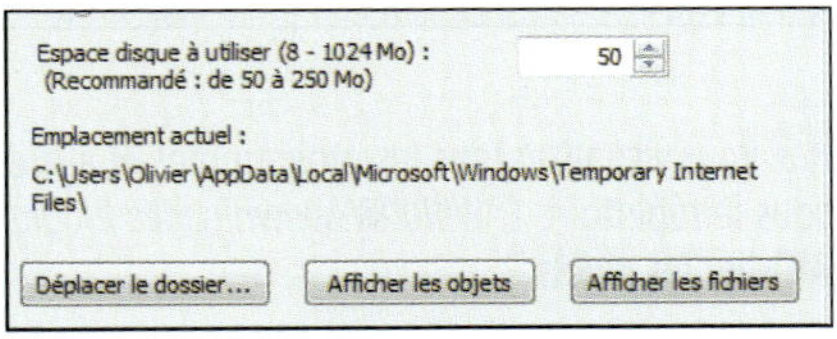

7 Par défaut, le cache d'Internet Explorer est créé sur le disque *C:* dans le répertoire *Temporary Internet Files*. Pour éviter la fragmentation de ce disque, rien ne vous interdit de déplacer le cache sur un autre disque, réservé par exemple à toutes vos applications Internet. Il suffit, dans ce cas, de cliquer sur le bouton **Déplacer le dossier** et de sélectionner un nouveau disque dans la nouvelle boîte de dialogue qui s'affiche ensuite.

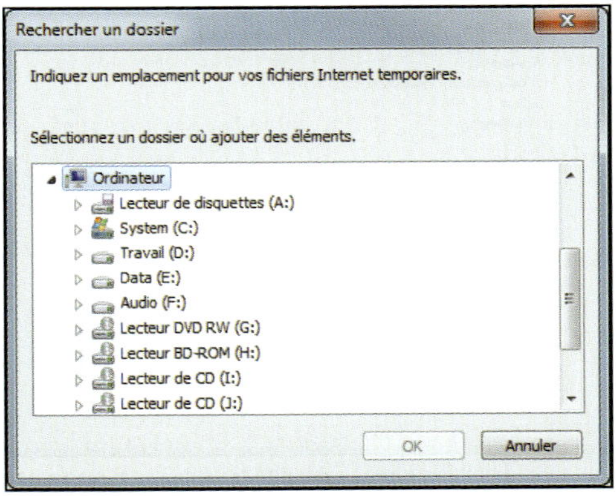

8 Pour visualiser le contenu du répertoire *Temporary Internet Files*, cliquez sur le bouton **Afficher les fichiers.**

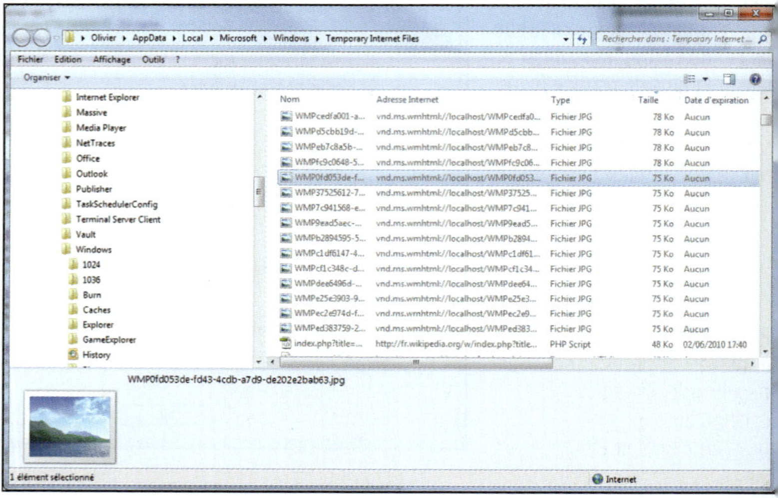

9 Pour visualiser tous les programmes et autres documents que vous avez téléchargés sous le répertoire *C:\WINDOWS\Downloaded Program Files* par défaut, cliquez sur le bouton **Afficher les objets.**

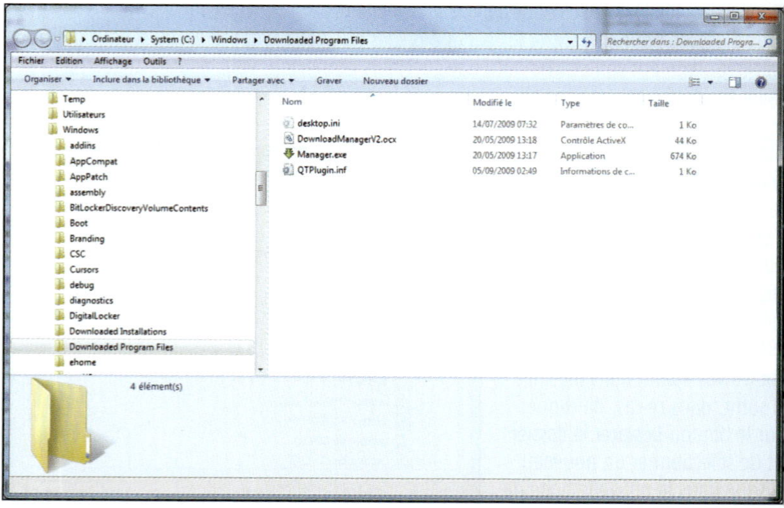

10 Dans la section *Historique* de la boîte de dialogue **Paramètres des fichiers Internet temporaires et de l'historique**, vous pouvez également gérer l'historique d'Internet Explorer. Celui-ci désigne un fichier spécifique où se trouvent enregistrées toutes les adresses des sites que vous visitez. Dès lors, vous pouvez indiquer la durée de conservation de toutes ces adresses en inscrivant, dans le champ *Jours pendant lesquels ces pages sont conservées*, un chiffre qui représente le nombre de jours.

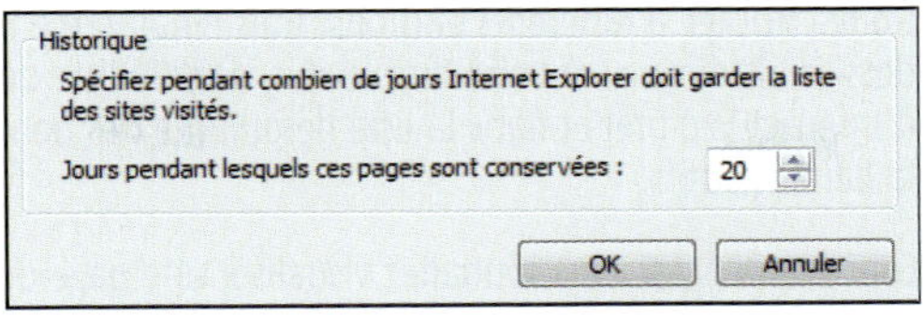

Naviguer hors connexion

Pour les utilisateurs qui ne disposent pas encore d'un accès permanent et illimité à Internet, la question des coûts de communication constitue un problème non négligeable. C'est pourquoi les fonctions qui permettent de réduire les temps de consultation en ligne ne manquent pas d'intérêt et il convient de bien les comprendre pour les exploiter efficacement.

La technique consiste à réduire le temps passé en ligne en téléchargeant rapidement les pages qui vous intéressent pour les consulter ensuite, une fois la communication téléphonique coupée. Ce principe repose sur le dispositif de cache que nous venons de présenter. Il vous suffira d'utiliser l'historique de votre navigateur en spécifiant auparavant que vous n'êtes pas connecté à Internet.

1 Démarrez Internet Explorer

2 Sélectionnez la commande **Travailler hors connexion** du menu **Outils**.

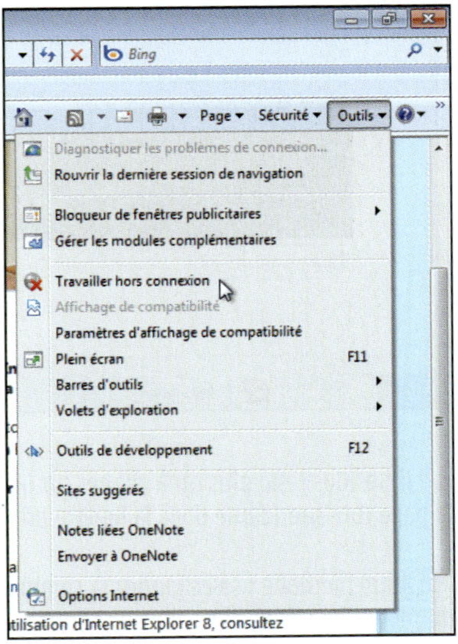

Utiliser l'historique

En mode connecté ou non, vous serez souvent amené à utiliser l'historique de votre navigateur. Dès lors, il faut savoir que la liste des adresses que vous avez visitées se trouve stockée à différents endroits, trois emplacements plus précisément : dans un dossier historique sur votre disque dur, dans la liste déroulante de la barre d'adresse d'Internet Explorer et dans la liste déroulante des boutons **Précédente** et **Suivante** de la barre d'outils.

Concrètement, si vous souhaitez visualiser une page déjà affichée à partir de l'historique, plusieurs moyens s'offrent à vous.

1 À partir de la barre d'adresse d'Internet Explorer, cliquez sur la tête de la flèche pour ouvrir la liste déroulante. Comme vous pouvez le constater, une série d'adresses apparaît. Cela dit, gardez bien à l'esprit que celle-ci ne conserve en mémoire que les adresses que vous avez saisies, et non celles que vous avez visitées en cliquant sur des liens.

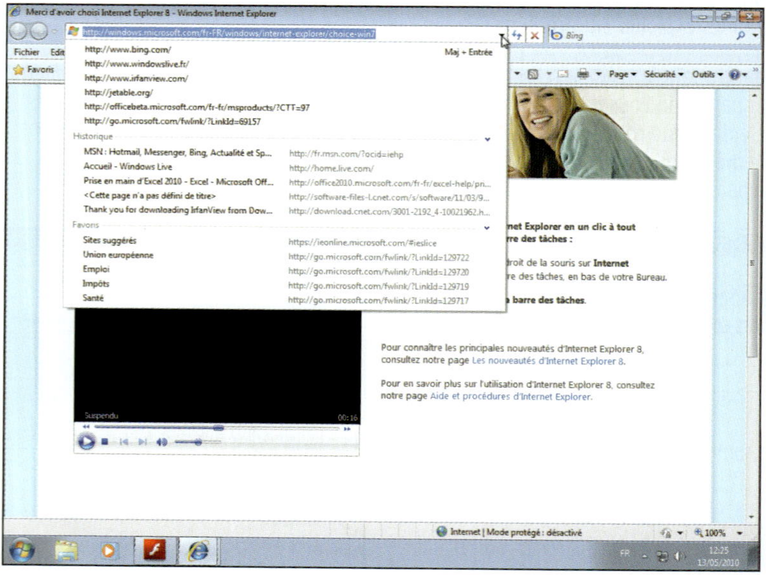

2 Il ne vous reste plus qu'à cliquer sur une de ces adresses pour afficher immédiatement la page correspondante dans la fenêtre principale d'Internet Explorer.

3 Autre méthode : sélectionnez la commande **Volet d'exploration/Historique** à partir du menu déroulant disponible en cliquant sur le bouton **Outils** de la fenêtre principale

d'Internet Explorer. Notez que vous pouvez également presser simultanément les touches Ctrl+Maj+H.

4 Cette fois-ci, le menu **Historique** s'affiche directement dans l'interface principale du navigateur dans un volet vertical. Comme vous pouvez le voir, les pages apparaissent sous la forme d'un menu et il suffit de cliquer dessus pour les afficher dans le cadre de droite.

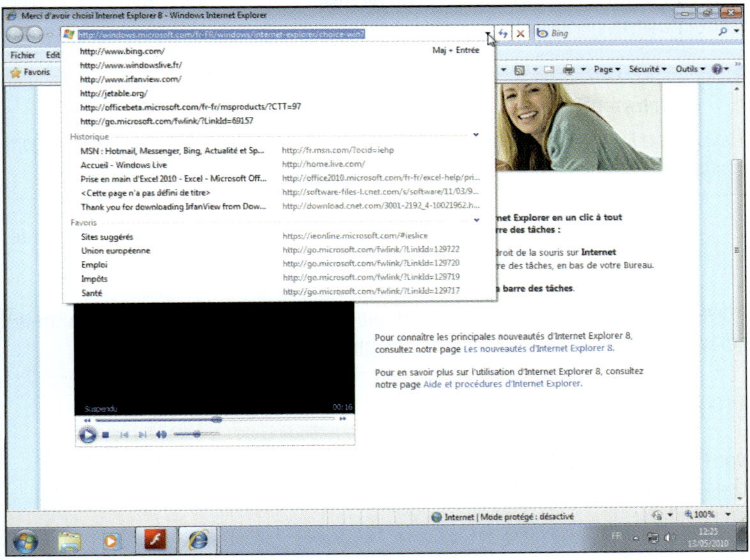

5 Notez que vous pouvez classer le contenu de l'historique en cliquant, sous le volet de l'historique et juste en dessous de l'intitulé **Historique** de l'onglet, sur une liste déroulante conçue à cet effet. Vous afficherez ainsi un menu déroulant qui propose plusieurs commandes de tri. Vous pouvez effectivement effectuer ici un classement par date, par site, par fréquence de visite (ordre décroissant) ou par ordre de visite du jour.

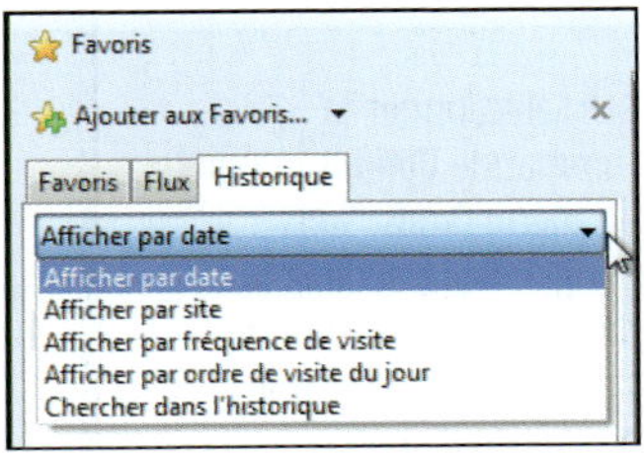

Comme nous l'avons dit précédemment, les boutons **Précédente** et **Suivante** de la barre d'outils sauvegardent également votre historique sous la forme d'une liste déroulante. Cela dit, cette liste n'est disponible que pendant votre session de travail et elle ne sera plus accessible lorsque vous aurez quitté Internet Explorer et que vous l'aurez redémarré. Notez également que cette liste est limitée à un maximum de neuf adresses : les nouvelles écraseront systématiquement les anciennes.

6 Pour accéder à cette liste, il suffit de cliquer sur la tête de la flèche qui apparaît dans le bouton **Précédente** ou **Suivante** de la barre d'outils, et de sélectionner un des sites proposés.

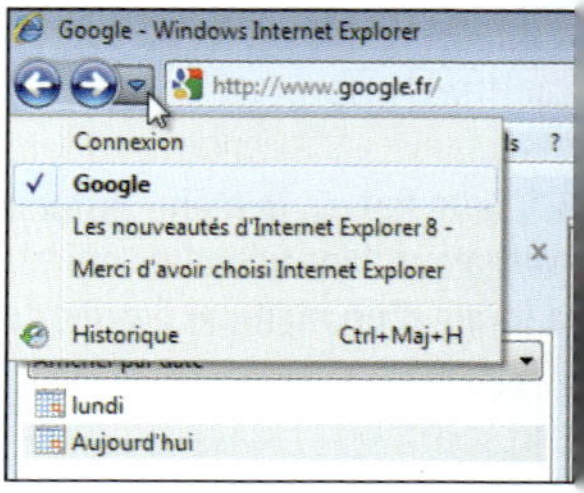

Afficher une info-bulle

Si vous laissez le pointeur de votre souris sur le bouton ***Précédente*** *ou* ***Suivante*** *de la barre d'outils, une info-bulle s'affichera pour vous indiquer le site précédent ou suivant à visiter.*

Personnaliser sa navigation

Il existe plusieurs moyens de définir vos préférences en matière de navigation sur le Web avec Internet Explorer. Voyons cela de plus près.

Définir ses couleurs

Si vous trouvez que les goûts des créateurs de sites web laissent souvent à désirer, sachez que vous pouvez déterminer, pour tous les sites, la couleur du texte et de l'arrière-plan.

1 Démarrez Internet Explorer.

2 Sélectionnez la commande **Options Internet** du menu **Outils**. Sous l'onglet **Général** de la boîte de dialogue qui vient de s'afficher, cliquez sur le bouton **Couleurs**.

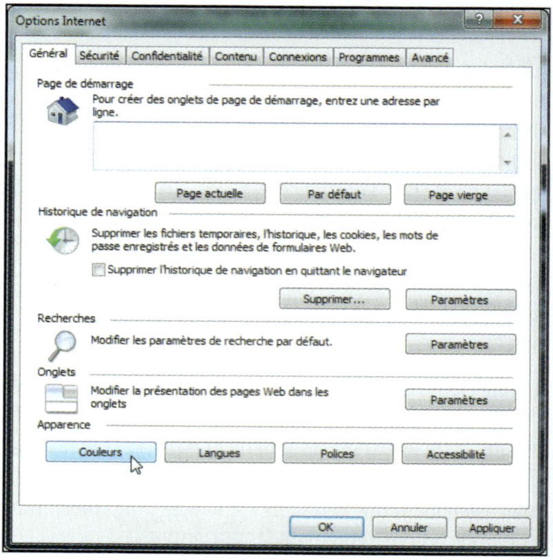

3 Une nouvelle boîte de dialogue s'affiche. Par défaut, les couleurs du texte et du fond sont déterminées par Windows. Si vous souhaitez le faire à sa place, désactivez l'option *Utiliser les couleurs Windows* pour rendre opérationnelles les deux couleurs accessibles par les boutons **Texte** et **Arrière-plan**.

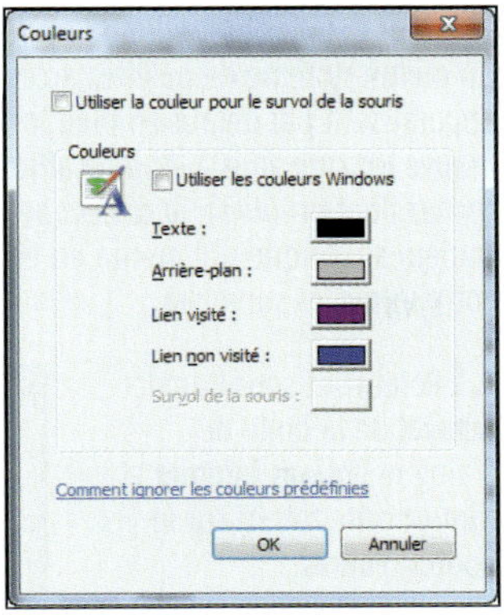

4 En cliquant par exemple sur le bouton **Texte**, une palette de couleurs s'affiche. Il suffit de sélectionner celle qui vous intéresse.

5 Si aucune couleur ne vous convient, vous pouvez cliquer sur le bouton **Définir les couleurs personnalisées** pour composer celle de votre choix.

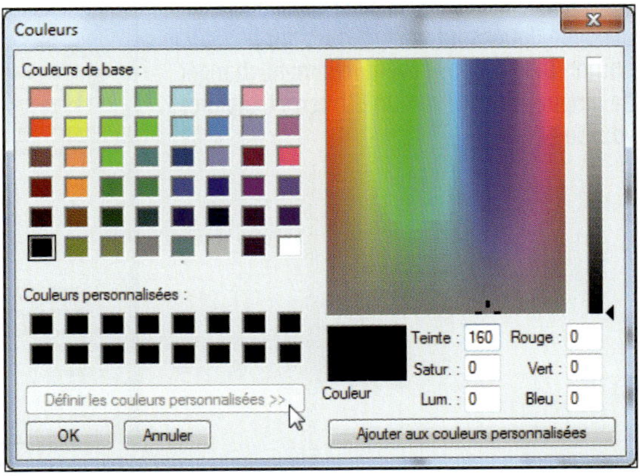

6 Pour définir et modifier la couleur des liens hypertexte sur une page, vous disposez du même système de palettes accessible par les boutons **Visités** et **Non visités**. Les liens apparaissent par défaut en bleu lorsque vous n'avez pas encore cliqué dessus, et en mauve lorsque vous avez déjà affiché la page vers laquelle ils pointent. Notez que si vous cochez l'option *Utiliser la couleur pour le survol de la souris*, vous pouvez déterminer une couleur spécifique qui mettra en évidence les liens d'une page web lorsque le pointeur de votre souris les survolera.

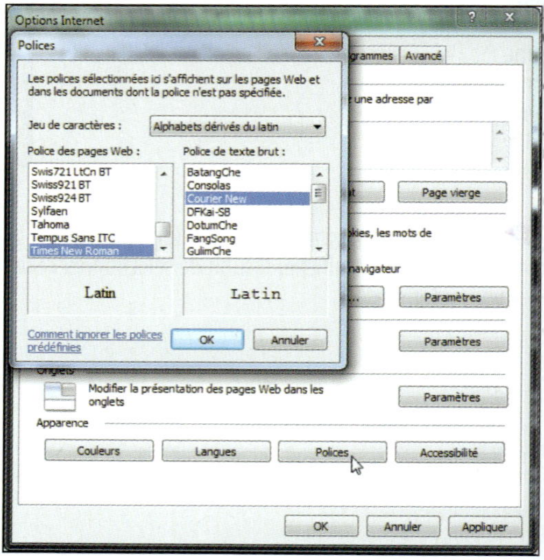

7 Retournez sous l'onglet **Général** de la boîte de dialogue **Options Internet** et cliquez cette fois-ci sur le bouton **Polices**.

La boîte de dialogue qui s'affiche permet de spécifier le type de police que vous souhaitez utiliser sur le Web et pour le texte (dans les formulaires que vous remplissez par exemple). La liste déroulante dédiée au Web propose une police à espacement proportionnel, ce qui signifie que chaque caractère occupe une largeur qui lui est propre. À l'inverse, la liste déroulante dédiée au texte propose une police à espacement fixe, où chaque caractère offre une taille identique.

8 Sous l'onglet **Général** de la boîte de dialogue **Options Internet**, cliquez sur le bouton **Langues** pour éventuellement changer de langue, si votre version d'Internet Explorer vous le permet.

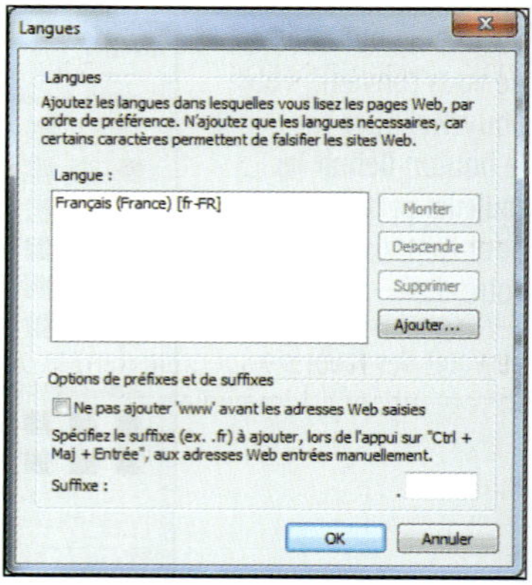

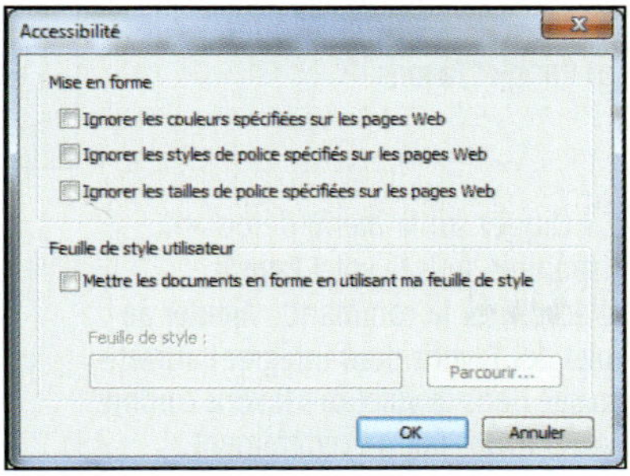

9 Enfin, le bouton **Accessibilité** vous permet de définir vos propres règles de mise en forme pour consulter les pages web. Ainsi, vous avez la possibilité d'ignorer les couleurs, les polices spécifiées sur les documents, et leur taille. Dans certains cas, surtout pour les personnes victimes de déficience visuelle, il peut s'avérer utile d'exploiter une feuille de styles spécifique pour mettre en forme les pages consultées en ligne. Il suffit d'indiquer son emplacement sous la section *Feuille de styles utilisateur* en cliquant sur l'option *Mettre les documents en forme en utilisant ma feuille de styles*, puis sur le bouton **Parcourir**.

Feuilles de styles

Les feuilles de styles conçues pour les utilisateurs qui ont des problèmes visuels sérieux sont généralement disponibles gratuitement sur des sites spécialisés dédiés à la santé et à certains handicaps.

10 Une fois que vous avez spécifié toutes vos préférences, cliquez sur OK pour refermer la boîte de dialogue **Options Internet** et pour valider vos choix.

Gérer les favoris

Comme nous l'avons dit, les favoris représentent un espace spécifique du navigateur conçu pour enregistrer les adresses web que vous lui indiquez. De cette façon, vous n'êtes pas obligé de ressaisir leur URL dans la barre d'adresse d'Internet Explorer, il suffit en fait de sélectionner le nom du site dans le menu **Favoris**.

Enregistrer une adresse

Pour ajouter un site dans la liste de vos favoris, plusieurs possibilités s'offrent à vous :

1 Connectez-vous sur le site web qui vous intéresse, puis cliquez sur le bouton **Ajouter au volet des Favoris** disponible dans la barre d'outils du navigateur. L'adresse du site correspondant est immédiatement enregistrée dans le volet des favoris qui se trouve juste au-dessus de la barre des onglets de navigation. Autre technique : cliquez sur le bouton **Favoris** disponible dans la barre d'outils d'Internet Explorer.

2 Un volet s'affiche. Cliquez sur l'onglet **Favoris**.

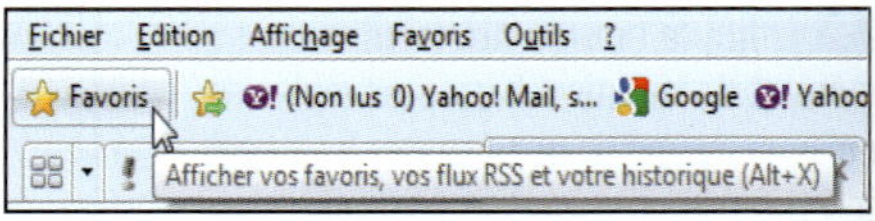

3 Cliquez sur le menu déroulant disponible sous le volet **Favoris**. Sélectionnez la commande **Ajouter au volet des Favoris** pour intégrer l'adresse du site dans le volet des favoris comme nous l'avons fait précédemment. Toutefois, vous pouvez cliquer directement sur le bouton **Ajouter aux Favoris** pour intégrer votre favori autrement dans Internet Explorer.

4 Une boîte de dialogue vous demandera de confirmer votre choix. Cliquez sur le bouton **Ajouter**. Le nom du site sera ajouté à la liste des favoris dans le volet de gauche. Notez que vous disposez d'une liste déroulante, intitulée *Créer dans*, pour indiquer un dossier de votre choix qui stockera l'adresse de votre site.

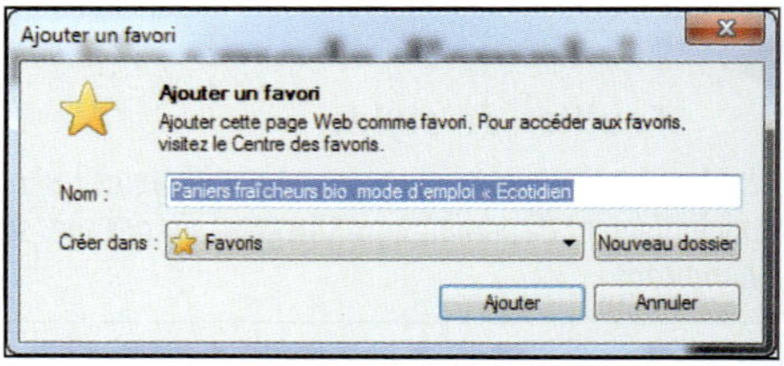

5 Pour retourner sur ce site plus tard, cliquez sur le bouton **Favoris** disponible dans la barre d'outils du navigateur. Repérez le nom du site dans la liste. Un clic lancera la connexion.

Organiser les favoris

1 À présent, sélectionnez le bouton **Favoris** disponible dans la barre d'outils du navigateur.

2 Dans le volet qui s'affiche, cliquez sur l'onglet **Favoris** et sélectionnez la commande **Organiser les favoris** à partir du menu déroulant que vous aviez utilisé précédemment pour enregistrer l'adresse d'un site.

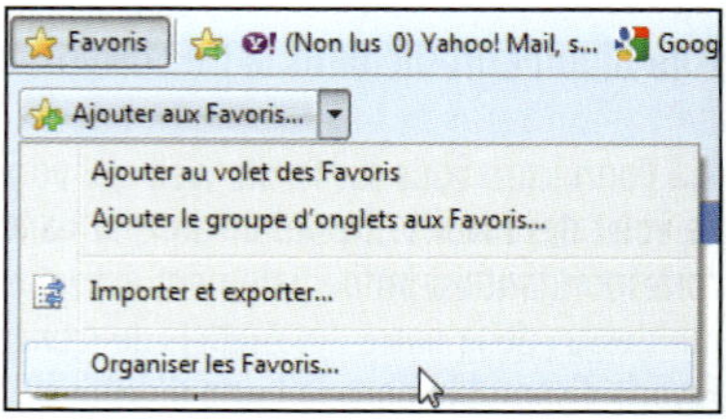

3 Vous allez pouvoir nettoyer ici votre liste si elle est devenue trop importante et difficile à gérer : sélectionnez les sites superflus et cliquez sur le bouton **Supprimer**.

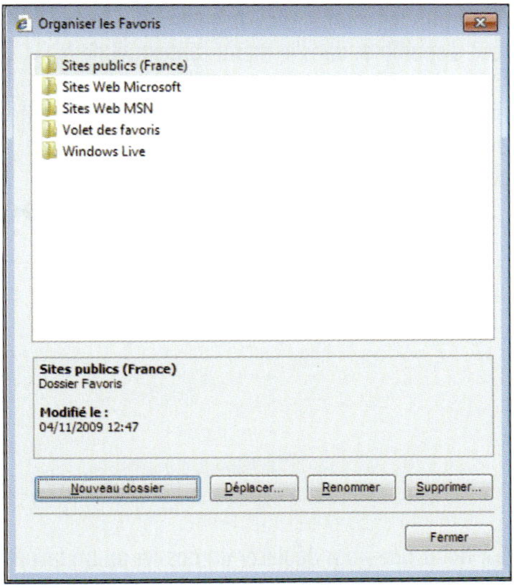

4 Vous pouvez également créer des dossiers thématiques pour organiser toutes vos adresses. Sélectionnez le bouton **Nouveau dossier** pour créer un dossier et déplacez-y les sites appropriés. Il suffit de les sélectionner avec votre souris et de les déposer dans le nouveau dossier. Vous organiserez ainsi la liste des adresses par catégorie, ce qui vous permettra d'y voir plus clair.

5 Pour renommer l'intitulé d'un favori ou d'un dossier, sélectionnez-le et cliquez sur le bouton **Renommer**. Il suffit ensuite de saisir le nouveau nom.

6 Pour modifier l'emplacement d'un favori ou d'un dossier, sélectionnez-le et cliquez tout simplement sur le bouton **Déplacer**. Il suffit ensuite d'indiquer le nouvel emplacement.

7 Notez que vous pouvez accéder à toutes les fonctionnalités de gestion des favoris en utilisant le volet du même nom. Il suffit de cliquer sur le bouton **Favoris** de la barre d'outils d'Internet Explorer pour afficher, dans un cadre à gauche de la fenêtre, toute la liste de vos adresses sous forme de dossiers et de raccourcis.

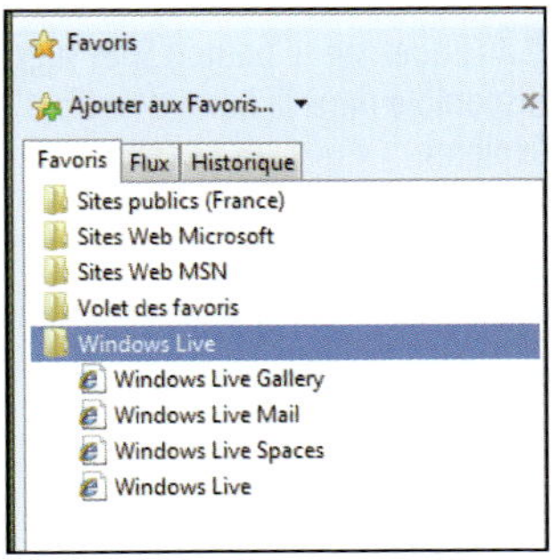

8 Toutes les commandes de gestion des favoris sont disponibles dans le menu contextuel de la souris. Il suffit de sélectionner l'élément de votre choix, un dossier ou un favori, avec le bouton droit de la souris pour afficher toutes les commandes de gestion disponibles.

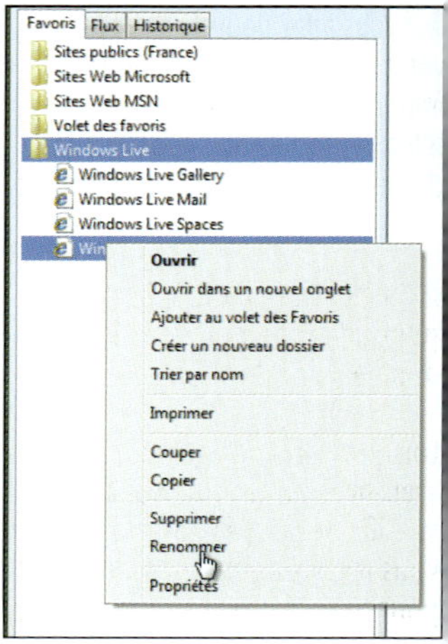

9 Notez que pour déplacer un dossier ou un favori dans le volet que vous venez d'afficher, il suffit de le sélectionner avec la souris et, tout en maintenant le bouton enfoncé, de le déposer à l'endroit de votre choix (méthode du glisser-déposer).

Les sites suggérés

Internet Explorer est capable de vous suggérer, en temps réel, l'adresse de certains sites en fonction des pages que vous affichez dans sa fenêtre. Pour profiter de cette fonctionnalité, la technique est simple.

1 Démarrez Internet Explorer.

2 Connectez-vous sur la page d'accueil du site de votre choix.

3 Cliquez sur le bouton **Sites suggérés** disponible dans la barre d'outils d'Internet Explorer.

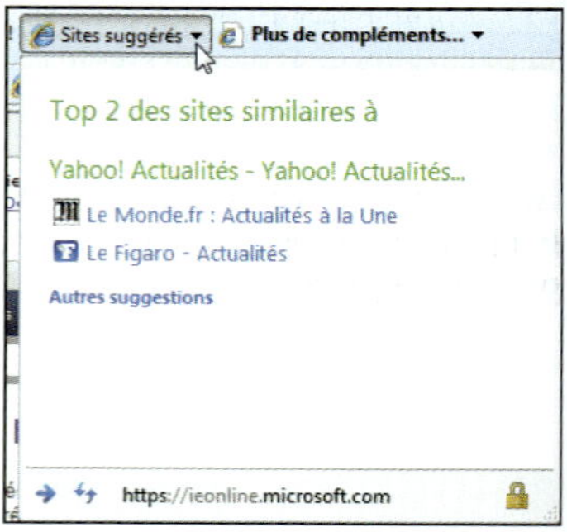

4 Un menu déroulant s'affiche et vous propose l'adresse de cinq sites web. Sélectionnez celle qui vous intéresse pour vous connecter immédiatement sur le site correspondant. Si vous souhaitez obtenir plus d'adresses, cliquez sur le lien *Autres suggestions*.

Les webslices

À l'instar des flux RSS, les webslices vous permettent de vous tenir informé de la publication de nouvelles informations sur un site, et plus particulièrement lorsqu'elles apparaissent dans une section bien définie d'une page.

Lorsque votre navigateur détecte la présence des webslices sur un site, vous disposez d'un bouton spécifique dans la barre d'outils pour vous abonner. Vous recevrez ainsi automatiquement une notification pour toute nouvelle information qui y sera publiée.

EXPLOITER LES RESSOURCES MULTIMÉDIAS D'INTERNET

Avec le temps, le Web s'est enrichi de nombreux contenus. Et, pour en profiter, vous disposez avec Windows d'un lecteur multimédia parfaitement adapté pour profiter des nombreuses ressources multimédias disponibles en ligne ou sur votre ordinateur.

▸ Le lecteur Windows Media

Pour lancer le lecteur Windows Media, il suffit généralement de double-cliquer directement sur un fichier son ou vidéo. Le lecteur se chargera automatiquement en mémoire, et le fichier sera immédiatement lu.

Cela dit, vous pouvez également démarrer le lecteur en n'exécutant aucun fichier. Il suffit alors de sélectionner la commande appropriée en passant par le menu **Démarrer** de la barre des tâches de Windows.

1 Sélectionnez **Tous les programmes/Lecteur Windows Media**.

2 La fenêtre du lecteur multimédia apparaît à l'écran.

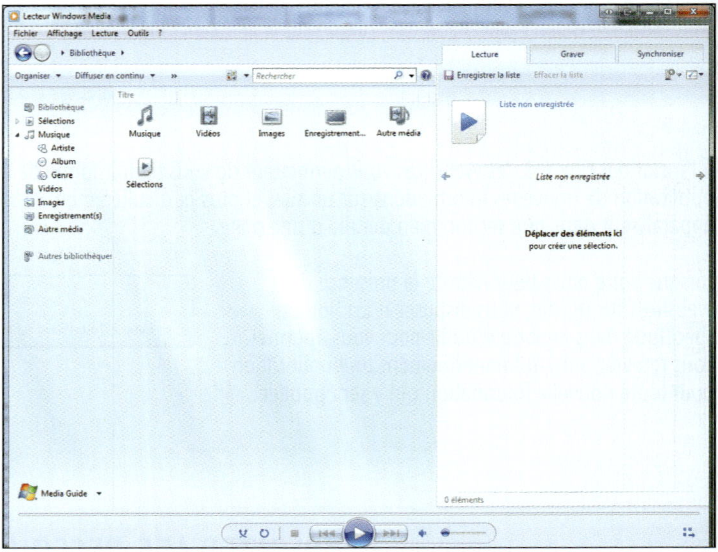

3 En général, lors d'une première utilisation du programme, une recherche automatique des fichiers multimédias stockés sur votre bibliothèque a déjà été faite. Mais, si vous l'aviez désactivée, rien ne vous empêche d'indiquer maintenant les dossiers qui contiennent vos fichiers multimédias. Sélectionnez alors la commande **Gérer les bibliothèques** du menu **Fichier**.

4 Un sous-menu déroulant apparaît. Sélectionnez, par exemple, la commande **Musique** si vous souhaitez ajouter des fichiers audio dans votre bibliothèque multimédia.

5 Dans la fenêtre qui s'affiche, indiquez l'emplacement de vos dossiers avec le bouton **Ajouter**.

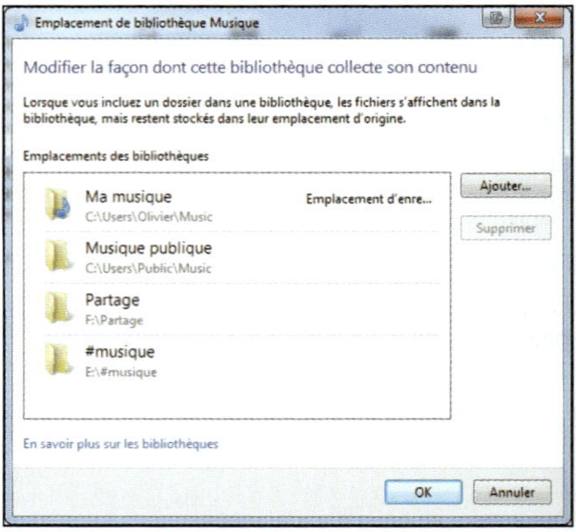

6 Validez par OK pour démarrer l'enregistrement des paramètres qui permettront de référencer vos fichiers multimédias dans la bibliothèque.

Dans l'interface principale de la bibliothèque, vous disposez, dans le cadre de gauche, de différentes rubriques pour classer vos ressources plus efficacement : musique, vidéo, autre média, etc. Dans la fenêtre de droite, chaque fichier apparaît avec différentes informations : titre, auteur, note d'appréciation, chemin d'accès sur le disque dur, etc. Le dernier cadre, lui, peut afficher différentes informations selon l'option que vous sélectionnerez dans le menu déroulant qui se trouve juste au-dessus : lecture en cours, sélection de fichiers à graver, etc.

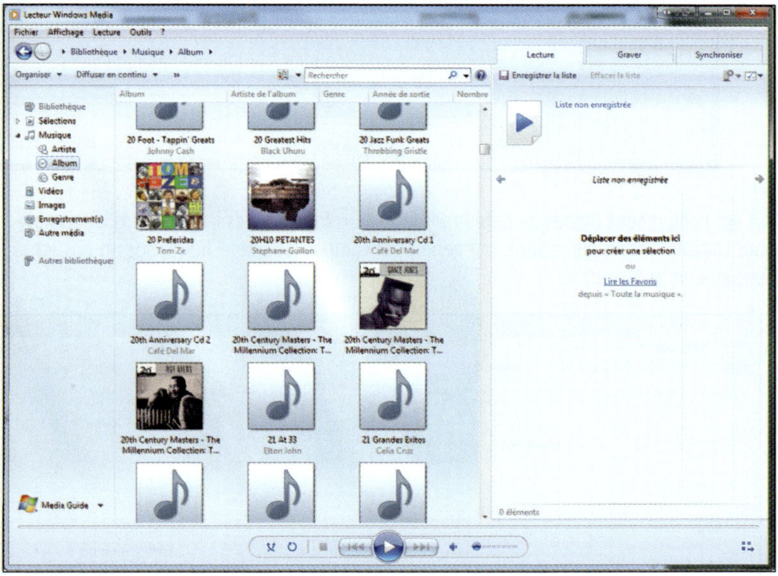

▸ Classer les fichiers

Comme vous pouvez le constater à partir du cadre de gauche, tous vos fichiers multimédias ont été classés automatiquement à partir de dossiers prédéfinis.

1 Cliquez par exemple sur la section intitulée *Album* pour visualiser tous les albums disponibles.

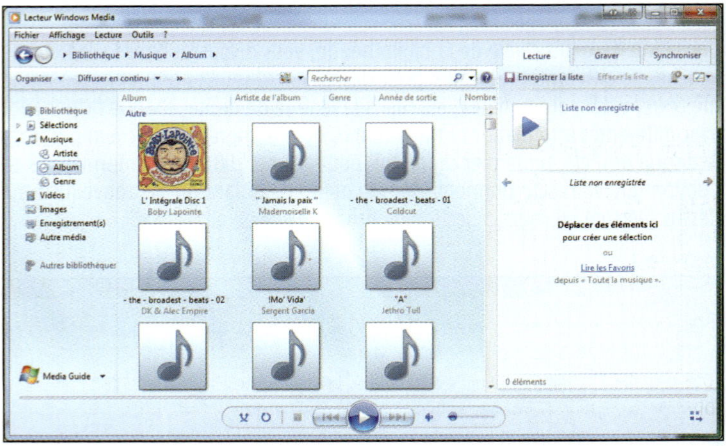

2 Vos fichiers sont classés de différentes façons en fonction des informations disponibles pour chacun d'eux : par album, par genre, par compositeur, etc. Cliquez sur un dossier pour afficher son contenu.

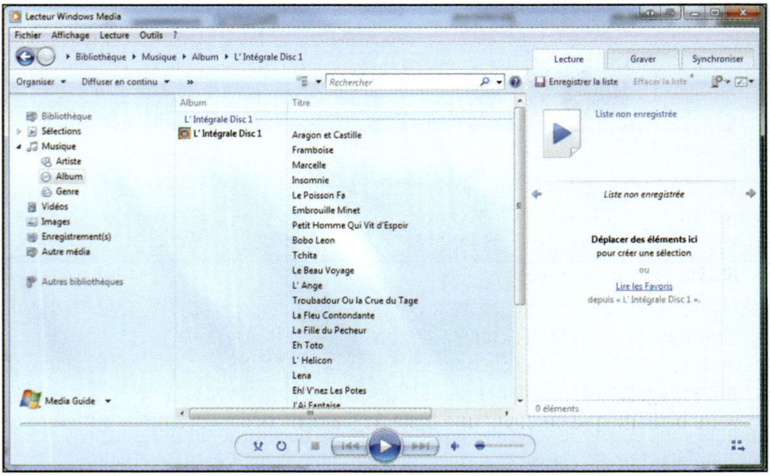

3 Si vous souhaitez déplacer un fichier ou un dossier pour modifier le classement automatique de la bibliothèque de Windows, il suffit de le sélectionner dans le cadre du milieu avec votre souris pour le déposer directement dans un autre dossier de votre choix.

EXPLOITER LES COMMANDES DE LA BIBLIOTHÈQUE MULTIMÉDIA

Le Lecteur Windows Media propose de nombreuses commandes pour, entre autres, modifier l'affichage et la gestion de vos fichiers multimédias. En fait, toutes ces commandes sont disponibles dans un menu contextuel.

À partir de la fenêtre principale de la bibliothèque, cliquez du bouton droit de la souris dans la barre d'onglets du programme pour afficher un menu contextuel.

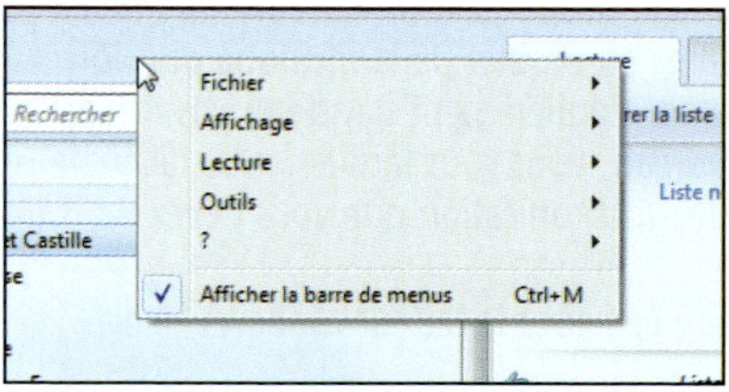

Vous disposez ici de six menus proposant, pour cinq d'entre eux, plusieurs commandes qui apparaissent sous la forme d'un menu déroulant :

- **Fichier** : affiche les commandes les plus courantes pour la manipulation et la lecture des fichiers multimédias. Permet également d'exécuter différentes tâches telles l'extraction audio, la gravure, la synchronisation des données avec un appareil mobile, etc. Vous pouvez également créer et enregistrer des listes de lecture (compilation audio à écouter) ou ajouter de nouveaux fichiers dans la bibliothèque multimédia.
- **Affichage** : définit l'apparence du Lecteur Windows Media et le comportement, à l'écran, de certains de ses éléments (masquer ou afficher la barre d'outils, par exemple). Notez que la commande **Sélecteur d'apparence** permet de basculer dans l'interface de sélection des skins pour adopter un autre habillage pour votre lecteur.
- **Lecture** : permet d'accéder à tous les contrôles de lecture disponibles (pause, arrêt, avance ou retour rapide, éjection du média en cours, etc.). Vous pouvez également sélectionner ici la source qui contient le support multimédia à lire (l'unité de votre lecteur CD, par exemple).
- **Outils** : accès direct à différents outils intégrés dans le Lecteur Windows Media. Vous pouvez, à partir des commandes proposées ici, télécharger sur le site de Microsoft de nouvelles visualisations, des skins ou de nouveaux plugins. Vous pouvez également afficher le module de recherche pour trouver un fichier dans votre bibliothèque ou ouvrir une boîte de dialogue dédiée aux options du Lecteur Windows Media.
- **?** : affiche les différentes aides du programme avec des liens directs pour récupérer de la documentation sur le site de Microsoft. Vous pouvez également exécuter ici des assistants qui vous aideront à résoudre certains problèmes de fonctionnement avec votre Lecteur Windows Media.

- **Afficher la barre de menus** : cette commande permet d'afficher la barre des menus dans la fenêtre principale du Lecteur Windows Media. Cette barre reprend en fait les cinq commandes précédentes sous forme de menu déroulant.

TRANSFÉRER DES FICHIERS AUDIO

Si vous disposez d'un lecteur multimédia portable ou d'un PDA pour visualiser des films ou écouter de la musique que vous avez récupérés sur Internet, vous devez alors régulièrement transférer vos fichiers multimédias à partir de votre ordinateur de bureau. Pour vous faciliter votre tâche, le Lecteur Windows Media intègre des fonctions de synchronisation que vous devez dans un premier temps paramétrer.

1 Démarrez le Lecteur Windows Media.

2 Sélectionnez la commande **Options** du menu **Outils**.

3 Dans la boîte de dialogue qui s'affiche, cliquez sur l'onglet **Appareils mobiles.** Cliquez sur le bouton **Actualiser** si votre appareil n'apparaît pas sur la liste.

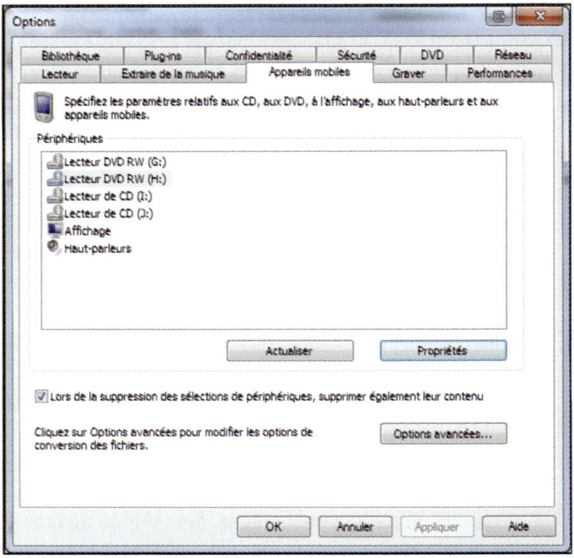

4 Sélectionnez votre appareil mobile sur la liste qui s'affiche et cliquez sur le bouton **Propriétés**.

5 Dans la boîte de dialogue qui s'affiche, cochez les options *Créer une hiérarchie de dossiers sur l'appareil mobile* et *Démarrer la synchronisation lors de la connexion de l'appareil mobile.* Notez que la première option permet de créer automatiquement des répertoires pour classer vos fichiers.

6 Cliquez sur l'onglet **Qualité** pour définir les paramètres de conversion automatique des fichiers qui seront synchronisés. Cochez l'option *Effectuer les conversions de fichiers requises par cet appareil* et déterminez la qualité de la conversion avec les options suivantes. Si vous cochez l'option *Sélectionner la qualité*, positionnez alors la barre de réglage sur la valeur *Qualité maximale*. Notez que les fichiers audio seront ainsi automatiquement convertis au format WMA (*Windows Media Audio*) et les fichiers vidéo, au format WMV (*Windows Media Video*).

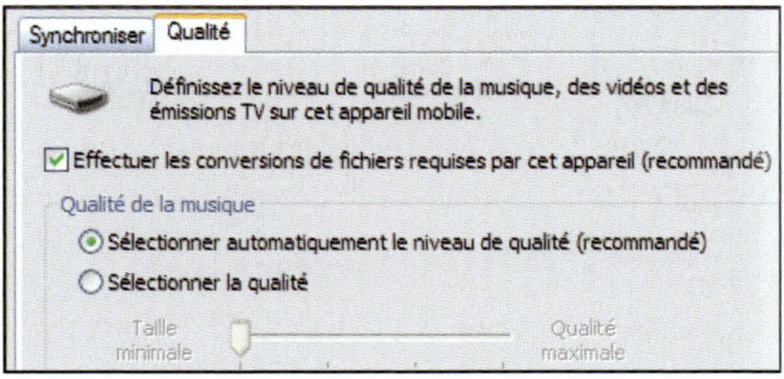

7 Une fois le réglage effectué, cliquez sur OK pour valider vos paramètres et refermer la boîte de dialogue.

SYNCHRONISER MANUELLEMENT DES FICHIERS MULTIMÉDIAS

Pour synchroniser manuellement des fichiers multimédias, la méthode la plus simple consiste à réaliser cette opération à partir de la bibliothèque multimédia du lecteur Media de Windows.

1 Démarrez le Lecteur Windows Media.

2 Cliquez sur l'onglet **Synchroniser**.

3 Si le volet de navigation n'apparaît pas dans l'interface de la fenêtre, cliquez sur le bouton **Options de mise en page** et sélectionnez, dans le menu déroulant qui s'affiche, la commande **Afficher le volet de navigation** pour accéder à tous les fichiers multimédias stockés sur votre ordinateur.

4 Sélectionnez les fichiers que vous souhaitez synchroniser avec votre appareil mobile à partir de la bibliothèque pour les déposer dans le cadre de droite.

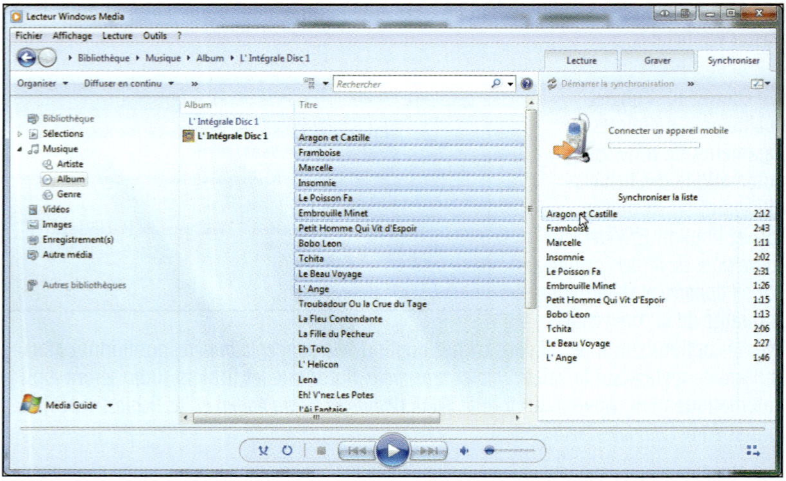

5 Pour démarrer la synchronisation des fichiers, cliquez sur le bouton **Démarrer la synchronisation**, qui se situe sous les onglets du lecteur Windows Media.

Au terme de cette opération, les fichiers sélectionnés seront copiés sur l'appareil mobile et, le cas échéant, ils auront été convertis au format adéquat.

VÉRIFIER SA CONFIGURATION MULTIMÉDIA

Les applications multimédias sont généralement délicates à exécuter, même sur le Web ! Elles sont gourmandes en ressources machine et système, et exploitent intensivement différents composants : affichage graphique, traitement audio, calcul processeur, etc. Bref, le multimédia a besoin d'un environnement particulièrement solide pour s'exécuter correctement, sans aucun risque de panne. C'est pourquoi, Windows intègre un outil spécifique pour contrôler différents paramètres qui s'avèrent essentiels pour le bon fonctionnement de vos programmes multimédia à partir d'Internet Explorer.

Cet utilitaire, appelé Dxdiag, a été entièrement conçu pour tester les fonctionnalités multimédias de votre système. De cette façon, vous pourrez savoir si vous disposez d'un environnement suffisamment stable pour exécuter sans aucune difficulté toutes vos applications multimédias. Dxdiag vous permettra également de détecter rapidement l'origine d'un problème pour, le cas échéant, réinstaller un pilote graphique ou audio par exemple.

1 Cliquez sur le bouton **Démarrer** de la barre des tâches de Windows.

2 Dans le menu déroulant qui s'affiche, saisissez l'instruction `dxdiag` et validez par OK.

3 Validez par OK le message qui s'affiche pour vérifier la signature numérique de vos pilotes sur le site de Microsoft. Le cas échéant, de nouveaux certificats seront transférés pour mettre à jour votre système.

4 La fenêtre des outils de diagnostic de vos différents composants multimédias du système s'affiche. Vous disposez, sous l'onglet **Système**, d'un résumé de votre configuration : taille de la mémoire vive (RAM) et du fichier de pagination (mémoire virtuelle, c'est-à-dire un fichier temporaire sur votre disque dur que Windows 7 utilise pour son fonctionnement), type de processeur, modèle du BIOS, etc. Notez que lorsque l'option *Rechercher les signatures numériques WHQL* est cochée, une barre de progression apparaît dans la fenêtre pour vous informer du déroulement de la procédure de recherche et de transfert des certificats numériques sur le serveur de Microsoft.

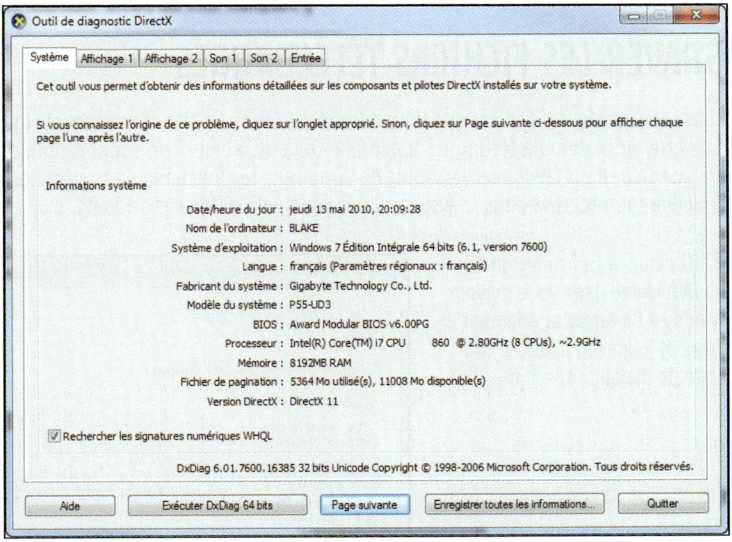

5 Cliquez sur l'onglet **Affichage** (**Affichage 1** si vous avez plusieurs cartes graphiques ou moniteurs installés) pour obtenir des renseignements sur le modèle de votre carte graphique, sur votre écran, sur vos pilotes d'affichage et sur l'état d'activation des fonctionnalités multimédias : DirectDraw, Direct3D et Texture.

6 Cliquez sur l'onglet **Son** (**Son 1** si vous avez plusieurs cartes son installées) pour en savoir plus sur votre matériel audio (identification de votre périphérique, nom du module, etc.) et le pilote son utilisé (date du fichier, signature numérique, nom du fournisseur, etc.).

7 Cliquez sur l'onglet **Entrée** pour identifier tous les ports d'entrée avec les périphériques associés. Vous disposez d'une section spécifique, intitulée *Périphériques DirectInput*, pour accéder aux différentes informations de votre matériel multimédia (un volant avec retour de force par exemple) et de saisie (clavier et souris).

Sauvegarde des paramètres multimédia

Vous avez la possibilité, à tout moment, d'enregistrer toutes les informations de configuration et de diagnostic des composants multimédia que vous venez de voir avec le module DxDiag. Il suffit, dans la fenêtre principale de Dxdiag, de cliquer sur le bouton ***Enregistrer toutes les informations****.*

Un explorateur de fichier apparaîtra immédiatement et vous proposera d'enregistrer, à l'emplacement de votre choix, toutes ces informations dans un fichier texte.

GRAVER LES FICHIERS TÉLÉCHARGÉS

Pour sauvegarder les fichiers que vous avez téléchargés à partir d'Internet et stockés sur votre ordinateur, la technique habituelle consiste à graver un support optique de type DVD-R ou CD-R avec les outils de Windows. Les fonctions de gravure sont directement intégrées dans le système et disponible à différents endroits.

1 Lorsque vous insérez un CD ou DVD vierge dans votre graveur, Windows l'analyse rapidement et, s'il peut le graver, il affiche une boîte de dialogue spécifique.

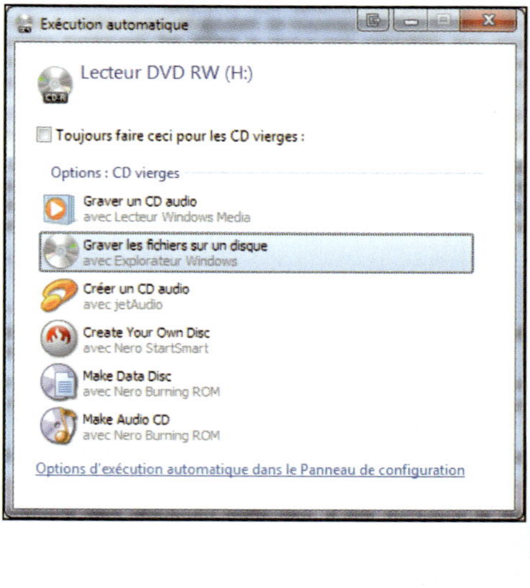

Plusieurs méthodes vous sont proposées pour graver votre CD ou DVD. Voici les principales :

- *Graver un CD audio avec le lecteur Windows Media* : option adaptée pour graver des images, de la musique ou de la vidéo. La procédure se déroule à partir du lecteur Windows Media que nous avons présenté précédemment.
- *Graver un DVD Vidéo en utilisant Windows DVD Maker* : option qui apparaît uniquement lorsque vous insérez un DVD vierge dans le graveur. Elle permet de créer, à partir de fichiers vidéo, un DVD que vous pourrez regarder sur votre télévision avec un lecteur DVD de salon. La gravure s'effectue à partir de l'application Windows DVD Maker si vous l'avez installée sur votre ordinateur.
- *Graver les fichiers sur un disque en utilisant Windows* : sélectionnez cette option pour archiver n'importe quel type de fichiers sur un support optique que vous pourrez lire sur un ordinateur.

2 Cliquez sur l'option *Graver les fichiers sur un disque* pour archiver vos fichiers et dossiers sur le support optique que vous avez inséré dans votre graveur.

3 Une nouvelle boîte de dialogue apparaît. Saisissez un intitulé pour votre gravure.

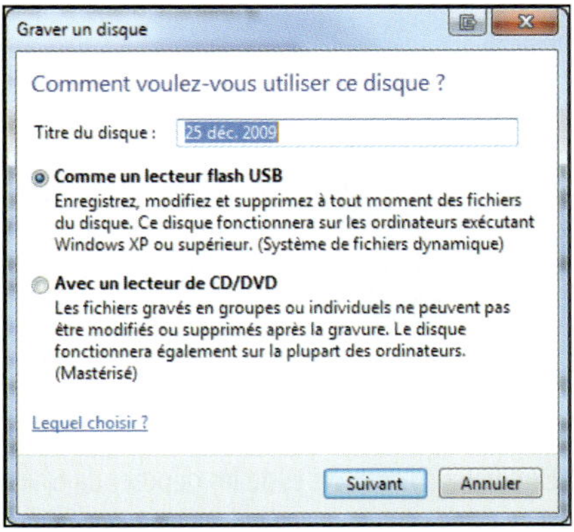

Plusieurs formats sont disponibles pour la gravure de vos fichiers :

- *Comme un lecteur flash USB* : optez pour cette option si vous utilisez un disque réinscriptible (de type RW). Vous pourrez ainsi le mettre à jour en ajoutant de nouveaux fichiers à n'importe quel moment ou en supprimant certains d'entre eux. Par défaut, le disque sera compatible avec Windows XP, Windows Vista et Windows 7. Si vous devez lire votre disque à partir d'autres systèmes, plus anciens ou différents, cliquez sur le lien *Changer de version* pour sélectionner une version de système de fichiers différente.
- *Avec un lecteur de CD/DVD* : sélectionnez cette option si votre support d'enregistrement n'est pas réinscriptible. Vos fichiers seront gravés définitivement et il sera impossible d'en ajouter d'autres sur le disque ou d'en effacer.

4 Si vous choisissez l'option *Comme un lecteur flash USB*, Windows va formater votre disque et cette opération peut prendre un certain temps. Ensuite, une fenêtre de l'Explorateur Windows s'affichera avec le contenu de votre disque. Bien entendu, aucune icône ne sera visible puisqu'il ne contiendra encore aucun fichier. Si vous sélectionnez la seconde option, la fenêtre de l'Explorateur Windows s'affiche immédiatement.

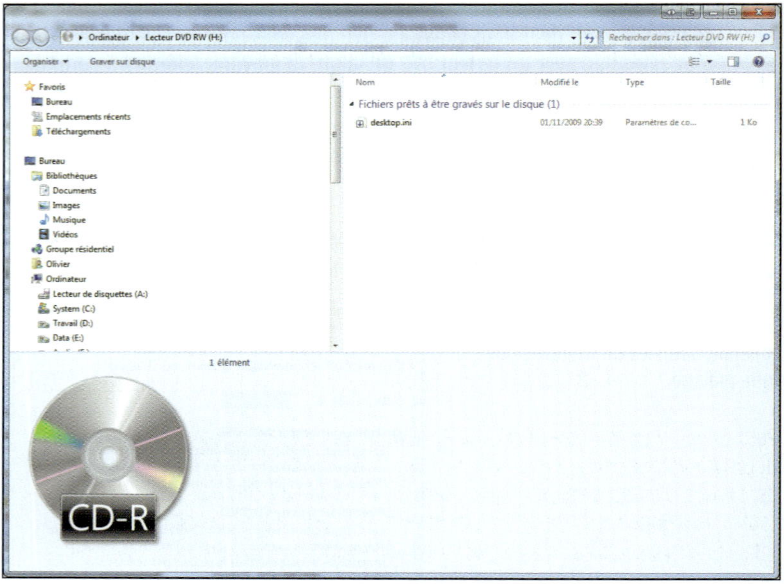

5 Pour copier vos fichiers, il suffit de les sélectionner à partir d'une autre fenêtre de l'Explorateur Windows et de les déposer dans la fenêtre de votre disque.

6 Lorsque vous avez terminé la copie, appuyez sur la touche d'éjection de votre graveur. Windows ferme alors la session d'écriture pour rendre votre disque lisible, ce qui peut prendre plusieurs dizaines de secondes.

Vos fichiers ont été archivés et votre disque est désormais lisible sur d'autres ordinateurs.

Si vous utilisez des disques enregistrables sans marque, il faut savoir que ces derniers sont issus des usines de fabrication des grandes marques, mais ils n'ont pas passé avec succès leurs tests de qualité. Dès lors, ils sont souvent soldés et on les retrouve sur le marché à des prix défiant toute concurrence. Rien d'anormal alors à ne pas pouvoir utiliser certains d'entre eux... Enfin, si vous gravez directement vos données à partir de votre disque dur, pensez à le défragmenter avant.

Et si vous rencontrez des erreurs...

Pendant une gravure, vous pouvez recevoir des messages d'erreur relatifs au flux des données. Si ces erreurs sont trop nombreuses, vous obtiendrez un disque difficilement utilisable. Dès lors, plusieurs techniques existent pour les éviter.

- *Dans un premier temps, vous pouvez augmenter la taille de la mémoire vive de votre PC.*
- *Évitez d'exécuter et d'utiliser d'autres applications sur votre PC pendant l'opération de gravure. Mieux vaut effectivement quitter tous les autres programmes. Ne naviguez pas sur Internet, par exemple.*
- *Si vous rencontrez encore des erreurs, pensez à désactiver votre antivirus et tous les autres programmes qui fonctionnent en arrière-plan.*
- *Lancez votre gravure juste après avoir redémarré votre système.*
- *Enfin, évitez d'installer un graveur sur une machine qui fait office de serveur sur un réseau. Si c'est le cas, désactivez le partage des ressources.*

NAVIGUER SUR SON ESPACE PERSONNEL

Pour terminer ce chapitre dédié à la navigation sur le Web, nous vous proposons de découvrir votre espace personnel sur Internet. En effet, tous les fournisseurs d'accès proposent, sur leur site, un espace client où vous pouvez consulter, de façon sécurisée, toutes les informations qui vous concernent. Dès lors, la première chose à faire sur Internet lorsque votre accès est opérationnel consiste à vous connecter sur votre compte pour consulter les informations et les services proposés par votre FAI.

1 En général, après avoir installé le kit de connexion de votre fournisseur d'accès, le démarrage d'Internet Explorer a été personnalisé. En d'autres termes, il affiche désormais automatiquement la page d'accueil du site de votre FAI. Si ce n'est pas le cas, reportez-vous à sa documentation pour en connaître l'adresse.

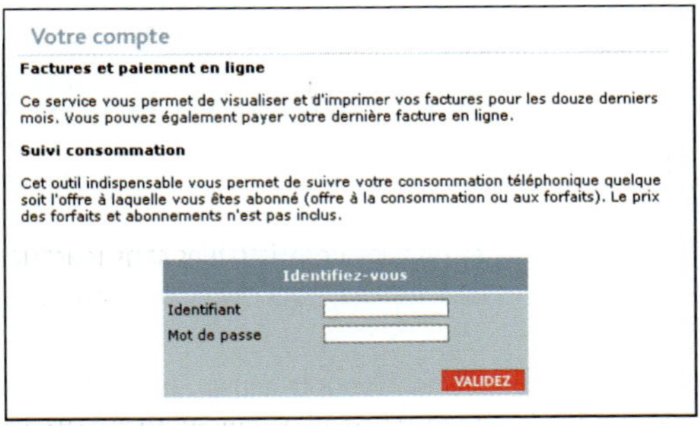

2 Après avoir affiché la page d'accueil du site, repérez la section dédiée à l'espace client et cliquez sur le lien correspondant. Vous affichez ainsi un formulaire d'authentification. Saisissez votre identifiant et votre mot de passe pour accéder à vos informations personnelles et à différents services. Notez que le contenu de ces derniers peut varier d'un FAI à l'autre.

3 Pour éviter les frais postaux, certains FAI vous permettent de payer vos factures en ligne avec une carte bancaire et à travers une interface sécurisée. N'hésitez pas à adopter cette solution qui s'avère rapide et fiable (pas de courrier perdu). Cela évite également d'autoriser des prélèvements automatiques sur votre compte.

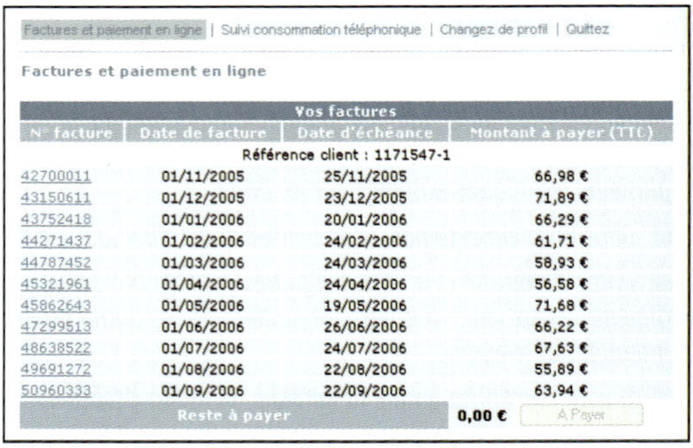
Factures et paiement en ligne | Suivi consommation téléphonique | Changez de profil | Quittez

Factures et paiement en ligne

Vos factures			
N° facture	Date de facture	Date d'échéance	Montant à payer (TTC)
Référence client : 1171547-1			
42700011	01/11/2005	25/11/2005	66,98 €
43150611	01/12/2005	23/12/2005	71,89 €
43752418	01/01/2006	20/01/2006	66,29 €
44271437	01/02/2006	24/02/2006	61,71 €
44787452	01/03/2006	24/03/2006	58,93 €
45321961	01/04/2006	24/04/2006	56,58 €
45862643	01/05/2006	19/05/2006	71,68 €
47299513	01/06/2006	26/06/2006	66,22 €
48638522	01/07/2006	24/07/2006	67,63 €
49691272	01/08/2006	22/08/2006	55,89 €
50960333	01/09/2006	22/09/2006	63,94 €
Reste à payer			0,00 € A Payer

4 Vous disposez presque toujours, chez chaque FAI, d'un historique de votre compte. Vous pouvez ainsi imprimer toutes vos factures et accéder à des statistiques de connexion (temps passé en ligne par exemple).

5 En cas de problème (facturation, dysfonctionnement technique, etc.), vous disposez dans l'espace client d'un formulaire de contact pour envoyer un message à votre FAI. Notez toutefois qu'il est préférable d'appeler le service lorsque le problème doit être traité de façon urgente. De plus, certains FAI sont réputés pour ne pas toujours répondre aux messages qu'on leur envoie...

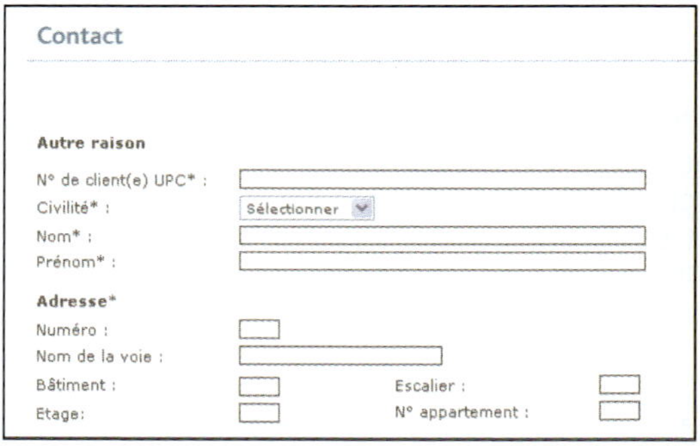

CONTACTER LE SUPPORT TECHNIQUE

Lorsque vous installerez votre connexion Internet ou lorsque vous l'utiliserez ensuite, vous serez probablement amené, un jour ou l'autre, à contacter le support technique de votre fournisseur d'accès Internet. Dès lors, il existe quelques petites règles à connaître avant de l'appeler, pour éviter de perdre votre temps et vous énerver.

1 En cas de problème, si vous le pouvez, connectez-vous d'abord sur le site de votre FAI pour consulter sa section dédiée au support technique. Vous y trouverez probablement les réponses aux questions techniques le plus souvent posées.

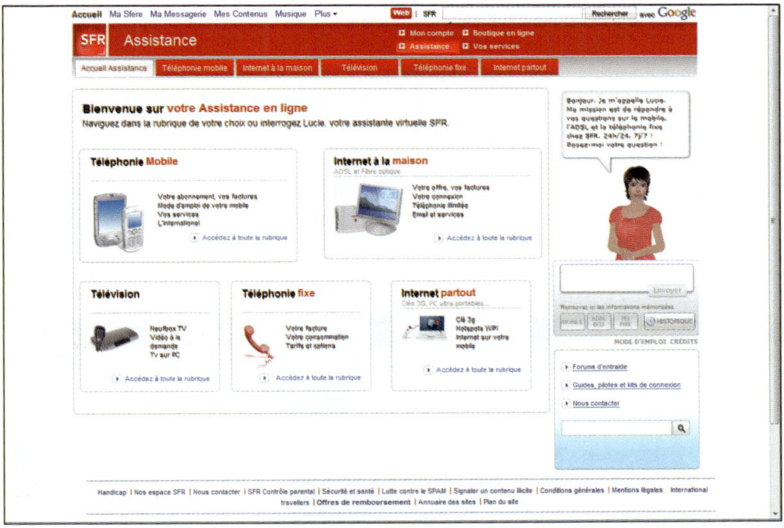

2 Si vous ne trouvez aucune solution, alors il convient de les appeler directement. Le numéro du service technique est généralement indiqué sur vos factures ou sur votre contrat.

3 Avant de composer le numéro de l'assistance technique, vous devez réunir certaines informations et préparer au mieux votre appel. Sortez votre contrat d'abonnement Internet pour l'avoir sous les yeux ainsi que la dernière facture, si vous l'avez.

4 Placez votre téléphone à côté de l'ordinateur qui est connecté à Internet. Votre modem doit également être à portée de main ou presque. De fait, le technicien que vous aurez au bout du fil va probablement vous demander d'effectuer différents tests avec votre matériel (débrancher et rebrancher le câble du modem par exemple).

5 Appelez de préférence le service technique avec un téléphone sans fil pour vous déplacer plus facilement autour de votre ordinateur ou accéder aisément à la prise téléphonique.

6 Notez sur un papier tous les points qui vous semblent importants à signaler au technicien pour ne rien oublier et lui faciliter la recherche de la panne.

Une fois toutes ces conditions réunies, vous pouvez composer le numéro de téléphone de la hotline de votre FAI.

1 Présentez-vous et donnez votre numéro client.

2 Expliquez brièvement votre problème en précisant le contexte : dernier logiciel installé, modification effectuée sur votre système, ajout de matériel, etc. Indiquez le système d'exploitation et la version que vous utilisez.

3 Ne rechignez pas à réaliser les tests proposés par le technicien, même si cela vous semble inutile. Il suit une procédure standard de dépannage et cela lui permet d'identifier précisément les causes possibles du dysfonctionnement. Vous devrez probablement effectuer un test de débit à partir d'un site spécialisé tel celui-ci : www.speedtest.net.

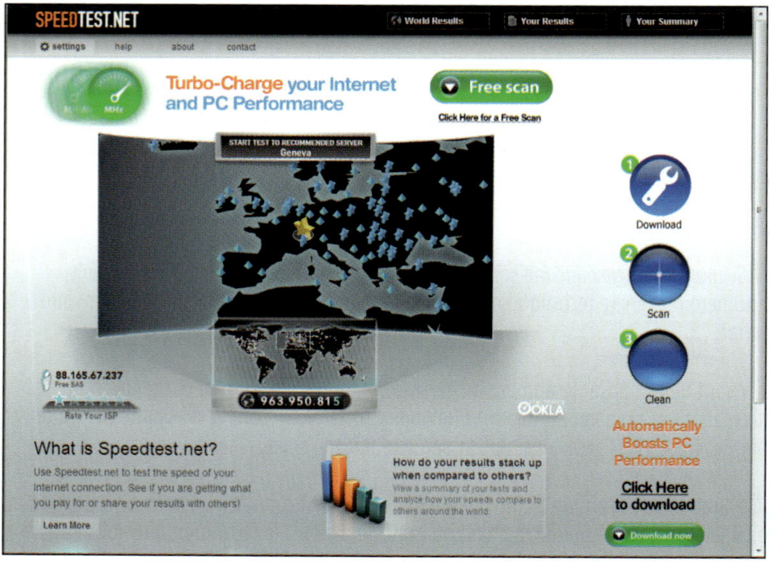

Enfin, quoi qu'il arrive, restez toujours courtois avec votre interlocuteur. Il n'est pas à l'origine de vos problèmes, il essaye de les résoudre. Ne l'oubliez pas.

Chapitre 3

PREMIERS PAS avec Windows Live Mail

Windows Live Mail s'intègre parfaitement dans les systèmes Windows. Dans ces conditions, la plupart des utilisateurs ne cherchent pas à adopter un autre logiciel de messagerie et se contentent de ce que leur propose Windows Live Mail, ce qui, comme nous allons le voir, s'avère amplement suffisant pour la majorité d'entre nous.

INSTALLER WINDOWS LIVE MAIL

Depuis la sortie de Windows 7, vous ne disposez plus par défaut d'un programme de messagerie intégré dans le système. Dès lors, nous vous proposons de télécharger gratuitement la dernière version de Windows Live Mail pour l'installer sur votre système.

1 Connectez-vous sur www.windowslive.fr/livemail.

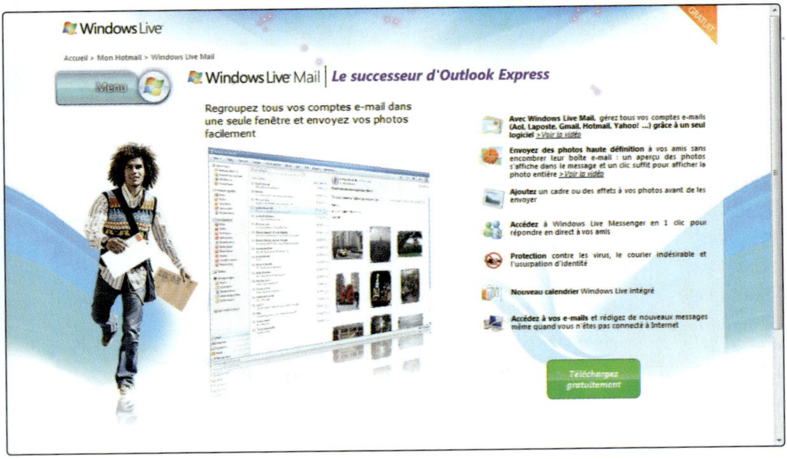

2 Cliquez sur le bouton **Téléchargez gratuitement**.

3 Dans la boîte de dialogue qui s'affiche, cliquez sur le bouton **Exécuter** pour démarrer le téléchargement et l'installation du programme.

4 Dans la fenêtre qui apparaît, désélectionnez tous les programmes que vous ne souhaitez pas installer avec Windows Live Mail. Cliquez sur le bouton **Installer**.

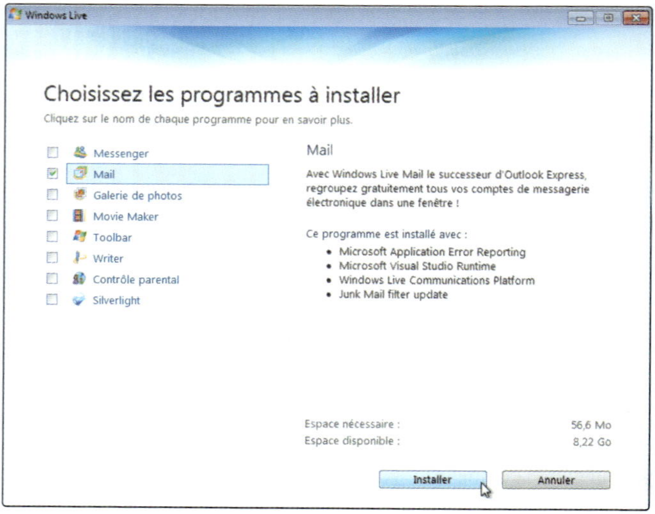

5 La procédure d'installation s'exécute immédiatement. Vous disposez d'une fenêtre qui vous tient au courant du déroulement des opérations.

6 Au terme du processus, vous pouvez, si vous le souhaitez, désactiver les options cochées par défaut (page de démarrage et moteur de recherche par défaut). Cliquez sur le bouton **Continuer**. Puis sur le bouton **Fermer**.

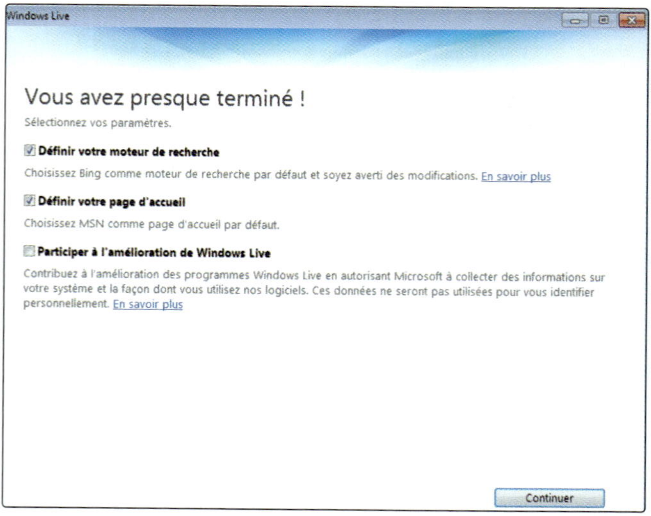

Windows Live Mail est installé. Il est désormais directement accessible à partir du menu **Démarrer** de la barre des tâches de Windows.

▶ Configuration de base

Même si Windows Live Mail représente un outil de messagerie extrêmement convivial et rapide à prendre en main, il n'empêche qu'il convient tout de même de le paramétrer au départ en indiquant un minimum d'informations. De fait, il est nécessaire de lui signaler le compte que vous allez utiliser pour envoyer et recevoir du courrier électronique, en inscrivant dans ses paramètres de configuration toutes les informations personnelles qui vous permettront d'y accéder.

Création d'un compte de messagerie

Dans un premier temps, sortez la documentation de votre fournisseur d'accès Internet. Celle-ci doit contenir toutes les informations nécessaires pour créer un compte de messagerie dans Windows Live Mail. Vous devez effectivement disposer d'une adresse e-mail, d'un login, d'un mot de passe et des adresses des serveurs SMTP et POP3 (ou IMAP).

Informations absentes ?

S'il vous manque des informations pour créer votre compte e-mail dans votre logiciel de messagerie, vous ne pourrez pas les inventer. Dans ce cas, la seule solution pour débloquer la situation consiste tout simplement à téléphoner à votre fournisseur d'accès Internet pour lui demander de vous renvoyer les informations manquantes.

Si vous disposez à présent de toutes les données nécessaires pour créer un nouveau compte de messagerie dans Windows Live Mail, suivez alors le guide que nous vous proposons. Il décrit, étape par étape, la procédure pour arriver à vos fins.

1 Démarrez Windows Live Mail en sélectionnant la commande du même nom à partir du menu **Démarrer** dans la barre des tâches de Windows ou double-cliquez sur l'icône prévue à cet effet sur votre bureau (notez que cette icône peut également être présente dans la barre des tâches Windows juste à droite du menu **Démarrer**). Dans tous les cas, vous afficherez immédiatement l'interface de Windows Live Mail.

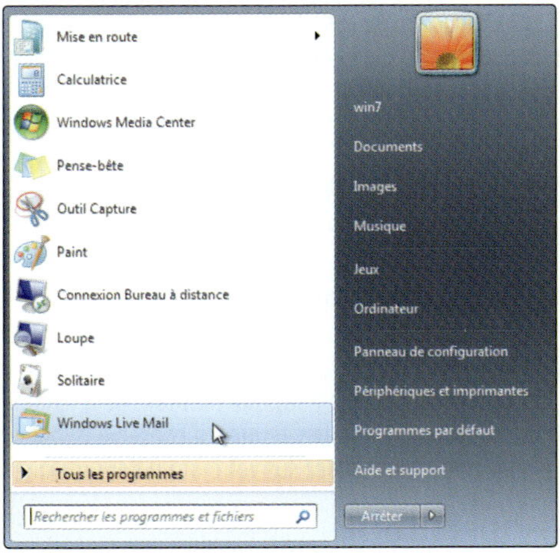

2 La boîte de dialogue **Ajouter un compte de messagerie** s'affiche à l'écran. Indiquez l'adresse e-mail que vous a donnée votre fournisseur d'accès Internet dans la zone de texte *Adresse de messagerie*.

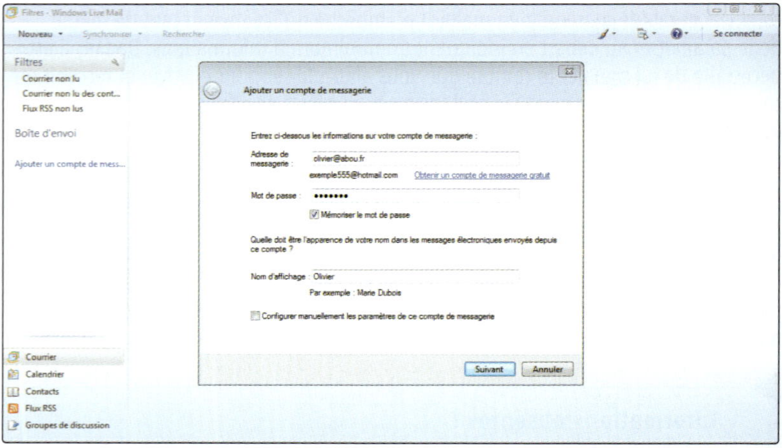

3 Indiquez le mot de passe associé à votre compte e-mail dans la zone de texte *Mot de passe*.

Confidentialité

Si vous partagez votre ordinateur avec plusieurs personnes (famille, travail...), il est probablement préférable de ne pas mémoriser vos mots de passe de compte de messagerie dans Windows Live Mail. Sinon, ils pourront accéder à votre courrier sans aucune difficulté, voire envoyer des messages par e-mail en utilisant votre nom...

4 Entrez votre nom, tel que vous souhaitez qu'il apparaît dans les messages que vous enverrez, dans la zone de texte *Nom d'affichage*.

5 Cliquez sur le bouton **Suivant**.

6 Inscrivez à présent, dans la zone de texte *Serveur entrant*, l'adresse de votre serveur POP3 ou IMAP. Comme l'indique l'intitulé de ce champ, ce serveur est conçu pour recevoir votre courrier. En d'autres termes, il conserve temporairement vos messages en attendant que vous les téléchargiez sur votre ordinateur lorsque vous vous connectez à Internet.

7 Indiquez ensuite, dans la zone de texte *Serveur sortant*, l'adresse de votre serveur SMTP. Petit rappel : votre serveur SMTP permet d'envoyer les messages que vous rédigerez et il ne doit pas être confondu avec le serveur dont vous avez donné l'adresse précédemment.

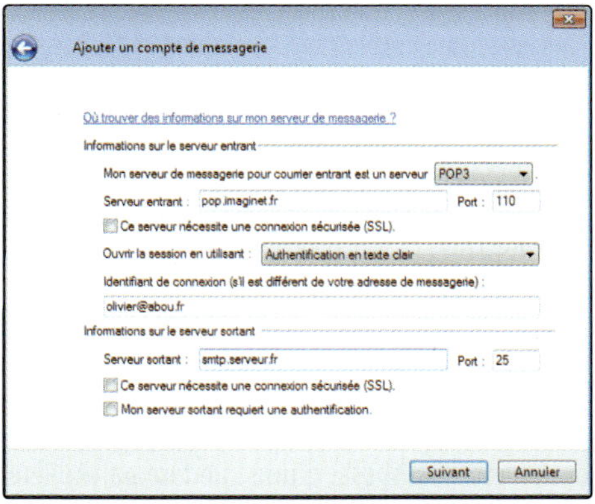

8 Cliquez sur **Suivant**. Windows Live Mail télécharge immédiatement vos premiers messages. Si les informations saisies précédemment ne comportent aucune erreur, la connexion devrait s'effectuer sans aucune difficulté.

Bien entendu, la procédure que nous venons de vous exposer s'applique à tous les fournisseurs d'accès Internet du marché. Sachez en outre, si vous voulez disposer de plusieurs comptes de messagerie, en créant des adresses e-mail supplémentaires à partir de certains services gratuits sur le Web, que la démarche à suivre est identique à celle que nous venons de vous donner.

E-mail gratuit

La création de comptes e-mail supplémentaires, en sus de celui dont vous disposez automatiquement avec votre fournisseur d'accès Internet, peut s'avérer très utile en maintes situations. Par exemple, si vous souhaitez que chaque membre de votre famille puisse consulter son courrier de façon confidentielle. En outre, le jour où vous serez amené à changer de FAI, pour des raisons de prix, de qualité de service ou lors d'un déménagement par exemple, l'adresse e-mail que vous aurez créée ne changera pas. Il sera alors inutile de communiquer vos nouvelles coordonnées de courrier électronique à vos correspondants.

PERSONNALISER WINDOWS LIVE MAIL

Comme nous l'avons dit, Windows Live Mail brille par sa convivialité, et la simple procédure de création de compte suffit pour l'utiliser immédiatement. Cela dit, si vous souhaitez personnaliser le fonctionnement du programme et l'apparence de vos messages, il va falloir s'attarder un peu plus sur certains paramètres de configuration.

▶ Configuration avancée

Windows Live Mail a été configuré par défaut pour fonctionner d'une façon bien précise dès le départ : affichage d'informations au lancement du logiciel, dossiers de classement prédéfinis, etc. Cela dit, rien ne vous interdit de modifier tous les paramètres existants du programme pour l'adapter à vos besoins.

Démarrage

Windows Live Mail repose totalement sur la technologie d'Internet Explorer, à tel point qu'il intègre le navigateur de Microsoft comme en témoigne l'affichage de certains messages qui ressemblent plus à des pages web qu'à de simples e-mails. Cela permet également de disposer d'une interface particulièrement intuitive, avec des accès simplifiés aux principales commandes du programme.

Quoi qu'il en soit, vous pouvez personnaliser le fonctionnement de Windows Live Mail de plusieurs manières.

1 Démarrez Windows Live Mail en sélectionnant son icône à partir du menu **Démarrer** de la barre des tâches de Windows.

2 Sélectionnez la commande **Options** du menu **Outils** et, dans la boîte de dialogue qui s'affiche, activez l'onglet **Général**.

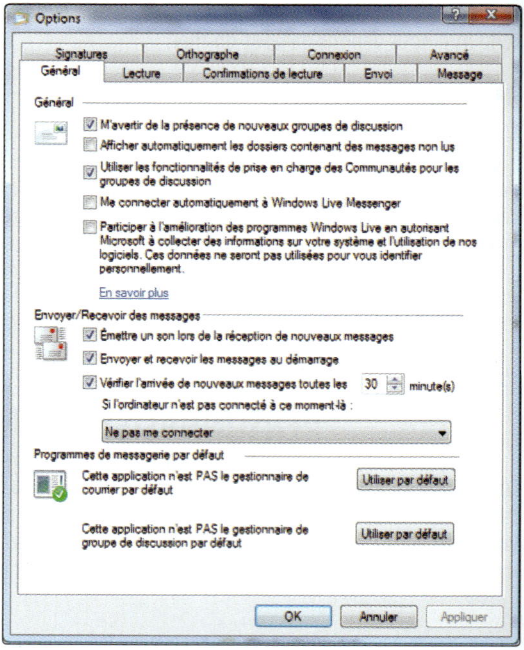

3 Le premier groupe d'options correspond aux paramètres généraux du programme. Vous pouvez ici modifier le contenu de la page de démarrage en affichant immédiatement le dossier de réception des e-mails à la place des informations proposées par défaut. Vous pouvez également être prévenu, à chaque démarrage du logiciel, de la présence de nouveaux groupes de discussion Usenet (option *M'avertir de la présence de nouveaux groupes de discussion*). Cela implique que Windows Live Mail tentera de se connecter à Internet à chaque démarrage. L'option suivante, elle, permet d'afficher automatiquement tous les dossiers qui contiennent des messages que vous n'avez pas encore lus. Enfin, les dernières options permettent de démarrer automatiquement Windows Live Messenger et de participer à l'amélioration du programme en envoyant des informations techniques à propos de l'utilisation du logiciel.

4 Passons à présent à la seconde section des paramètres du programme. Celle-ci concerne plus particulièrement les conditions de réception et d'envoi des messages. Ainsi, lorsque Windows Live Mail transfert de nouveaux e-mails, le programme peut automatiquement émettre un son. De plus, dès que vous exécutez votre logiciel de messagerie, celui-ci peut immédiatement envoyer et récupérer votre courrier électronique en attente. Cela n'est pas toujours très pratique si vous prenez l'habitude de démarrer Windows Live Mail pour travailler en mode off line, c'est-à-dire sans vous connecter à Internet. Enfin, la dernière option permet d'indiquer au programme les conditions de connexion automatique à votre serveur POP3 ou IMAP pour télécharger vos e-mails. Par défaut, Windows Live Mail se connectera toutes les trente minutes pour effectuer une vérification (réception de nouveaux messages ou non). Le cas échéant, il les téléchargera. Bien entendu, vous avez la possibilité ici de définir, en minutes, un autre intervalle de temps. De plus, vous avez également la possibilité de déterminer l'action à entreprendre lorsque votre ordinateur n'est pas connecté à Internet. De fait, Windows Live Mail peut établir automatiquement la connexion en toute circonstance (option *Me connecter même durant une session de travail hors connexion*), établir la connexion sur le serveur seulement lorsque votre ordinateur est déjà connecté à Internet (option *Me connecter uniquement si je ne travaille pas hors connexion*) et, enfin, ne jamais établir de connexion (option *Ne pas me connecter*).

5 Cliquez à présent sur l'onglet **Connexion** pour définir encore plus précisément l'interaction entre Windows Live Mail et votre module d'Accès à distance lorsque vous établissez des connexions Internet. De fait, le programme peut vous avertir chaque fois qu'il tente de se connecter automatiquement en ligne (option *M'avertir avant d'utiliser une autre connexion d'accès à distance*). Nous vous conseillons fortement d'activer cette option pour éviter toute mauvaise surprise au niveau de vos factures de communication téléphonique si vous utilisez une connexion bas débit.

- Autre paramètre à régler : lorsque Windows Live Mail vient de terminer de transférer vos messages, il peut lui-même raccrocher la communication immédiatement après. Si cette option vous intéresse, il suffit de cocher *Raccrocher après l'envoi et la réception*.

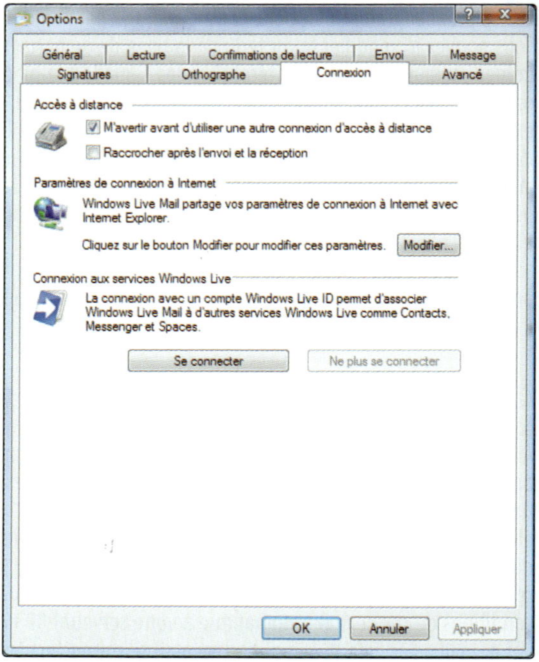

6 Comme vous vous en doutez, Windows Live Mail utilise les mêmes paramètres de connexion à Internet que le navigateur Internet Explorer. Dès lors, si vous souhaitez les modifier, il est inutile de démarrer votre navigateur, vous pouvez le faire immédiatement ici, sans quitter les options de Windows Live Mail. Dans la section *Paramètres de connexion à Internet*, cliquez sur le bouton **Modifier**. La boîte de dialogue **Propriétés de Internet** s'affichera alors et il ne vous restera plus qu'à déterminer les paramètres de connexion que vous souhaitez utiliser.

Maintenance du programme

Certaines options de Windows Live Mail permettent d'améliorer considérablement le fonctionnement du programme selon la configuration de votre système.

1 Démarrez le programme et sélectionnez la commande **Options** du menu **Outils**. Dans la boîte de dialogue qui s'affiche, activez l'onglet **Avancé** pour déterminer précisément la façon dont Windows Live Mail va stocker tous vos messages sur votre machine.

2 Cliquez sur le bouton **Maintenance** pour afficher une nouvelle boîte de dialogue.

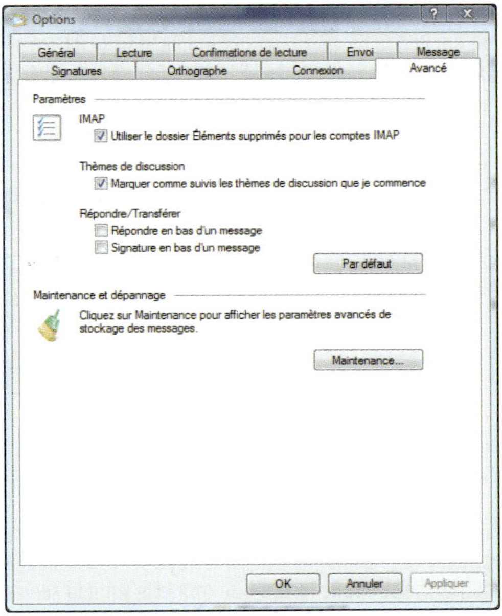

3 Les paramètres de cette section peuvent être particulièrement importants si vous disposez d'une configuration un peu serrée en termes de place disponible sur votre disque dur. De fait, en activant la première option, *Vider les messages du dossier Éléments supprimés en quittant*, le programme supprimera définitivement de votre disque tous les fichiers que vous avez supprimés lorsque vous le fermerez, ce qui implique un gain de place parfois non négligeable sur le disque. Notez que vous pouvez effectuer cette même opération sur le serveur IMAP en activant la seconde option, intitulée *Vider les messages supprimés en quittant les dossiers IMAP*. Enfin, toujours dans le but de conserver un maximum de place libre sur votre disque, la dernière option permet de compresser vos dossiers en toute transparence sans que vous ne vous en aperceviez.

4 Les newsgroups prennent également beaucoup de place sur le disque et vous pouvez limiter ce phénomène en cochant l'option *Vider les messages des groupes de discussion en arrière-plan*. Activez ensuite les options suivantes, à savoir *Supprimer les corps des messages lus dans les groupes de discussion* (efface le contenu d'une contribution Usenet lorsque vous venez de la lire) et *Supprimer les messages de groupes de discussion téléchargés après X jours*, où *X* représente le nombre de jours que vous définirez selon vos besoins. Passez ce laps de temps, Windows Live Mail supprimera automatiquement de votre disque dur tous les messages qui s'avèrent plus anciens que le nombre de jours indiqués.

5 Vous pouvez également lancer une opération de nettoyage manuellement si vous le souhaitez, sans passer par les paramètres de déclenchement automatique. Il suffit de cliquer sur le bouton **Nettoyer maintenant**. Windows Live Mail supprimera alors tous les messages lus présents dans vos dossiers.

6 Si vous le souhaitez, vous pouvez indiquer un dossier de votre choix pour stocker tous les messages que vous recevrez. Il suffit de cliquez sur le bouton **Dossier sur l'ordinateur**.

7 Dans la boîte de dialogue qui s'affiche, cliquez sur le bouton **Modifier**.

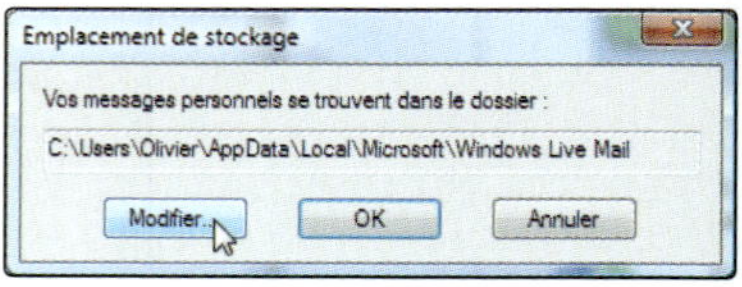

8 Un explorateur de fichiers apparaît. Il ne vous reste plus qu'à sélectionner le répertoire qui vous intéresse et à valider les boîtes de dialogue par OK.

9 À présent, si vous êtes un utilisateur expérimenté, ou si le support technique de votre FAI vous demande de leur envoyer le fichier log des commandes de votre logiciel de courrier électronique lorsqu'il se connecte sur leur serveur de messagerie, alors la dernière option de la boîte de dialogue dédiée à la maintenance de Windows Live Mail devrait vous intéresser.

Pour générer le fichier log, il suffit de cliquer sur l'option qui vous concerne, à savoir *Courrier* si vous vous connectez sur un serveur de type SMTP ou POP3, *News* pour un serveur de type NNTP et *IMAP* pour les serveurs du même nom.

Les logs de Windows Live Mail

Le fichier log, ou fichier journal, de Windows Live Mail est automatiquement sauvegardé sous le répertoire principal d'installation de votre logiciel de courrier électronique. Un tel fichier enregistre toutes les commandes émises entre votre logiciel de courrier et le serveur sur lequel il se connecte. De cette façon, on peut connaître précisément la nature d'une erreur, ou sa cause.

Création de dossiers

Les options de configuration de Windows Live Mail ne constituent pas les seuls paramètres à personnaliser pour utiliser plus confortablement l'interface du programme. De fait, rien ne vous empêche de créer vos propres dossiers thématiques pour classer, selon vos besoins, tous vos messages. La procédure s'avère extrêmement simple et vous auriez bien tort de vous en priver.

1 Avec le bouton droit de la souris, sélectionnez dans la colonne de gauche l'intitulé de votre compte. Dans le menu contextuel, choisissez la commande *Nouveau dossier*.

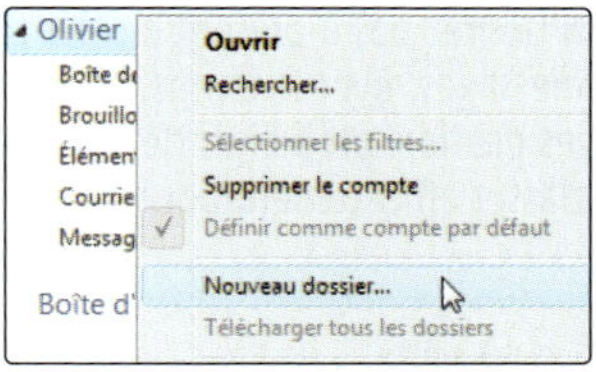

2 Dans la nouvelle boîte de dialogue qui s'affiche, inscrivez le nom du dossier sous le champ conçu à cet effet. Notez que vous pouvez sélectionner, dans le cadre inférieur où apparaît toute l'arborescence de vos dossiers, un dossier à l'intérieur duquel sera placé celui que vous créez. Cliquez ensuite sur OK pour valider votre choix.

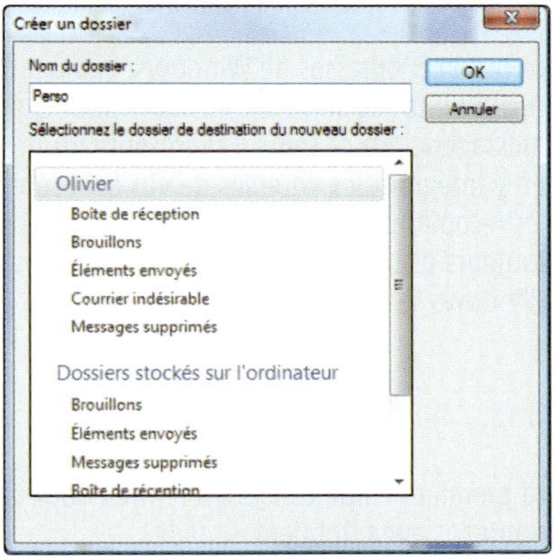

3 Comme vous pouvez le constater dans le cadre de gauche de l'interface de Windows Live Mail, vous disposez maintenant d'un nouveau dossier pour classer vos messages.

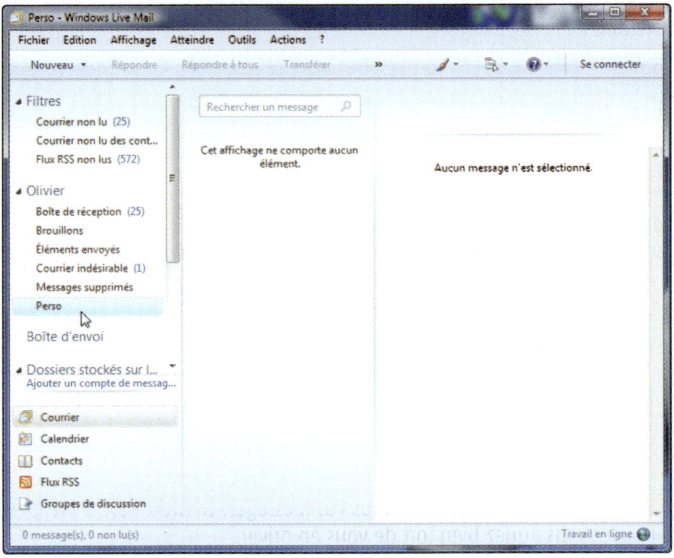

N'hésitez pas à présent à créer plusieurs dossiers et sous dossiers pour classer vos messages. Avec le temps, vous en recevrez probablement une quantité considérable et les dossiers prédéfinis de Windows Live Mail ne permettront effectivement pas de les classer efficacement pour y voir clair dans votre messagerie.

▶ Carnet d'adresses

Le carnet d'adresses de Windows, exploitable à partir de Windows Live Mail, constitue un outil incontournable pour exploiter dans les meilleures conditions votre messagerie. En ce sens, il représente un des tout premiers modules à personnaliser en y intégrant les adresses de vos correspondants. De cette façon, il sera inutile de les recopier manuellement dans les champs d'envoi de vos messages, elles seront toujours disponibles en quelques clics de souris, sous la même interface que celle de Windows Live Mail.

Ajouter des adresses

La première étape consiste à remplir votre carnet d'adresses qui, comme vous vous en doutez, s'avère totalement vide.

1 Démarrez Windows Live Mail et sélectionnez la commande *Contacts* du menu **Atteindre** pour ouvrir le carnet d'adresses intégré à Windows.

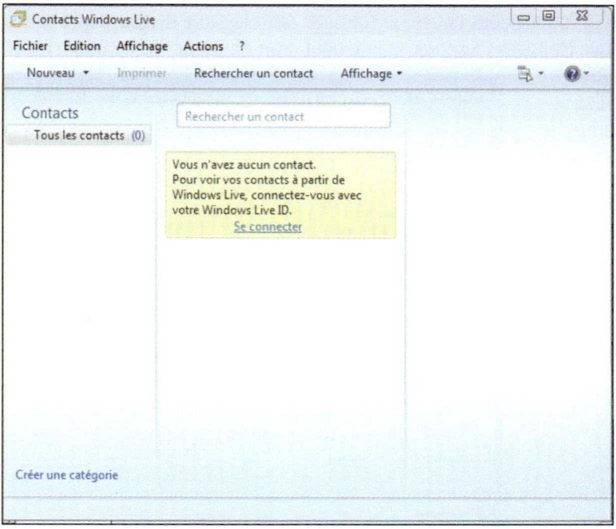

2 Cliquez sur le bouton **Nouveau** de la barre d'outils pour afficher une nouvelle fenêtre dédiée à l'enregistrement des coordonnées de votre premier correspondant.

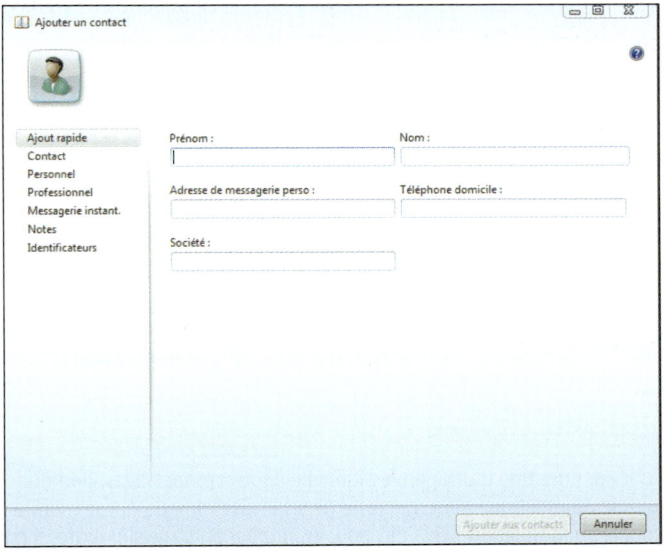

3 Sous les champs *Prénom* et *Nom*, indiquez les prénom et nom de votre correspondant, puis son adresse e-mail et un téléphone dans les zones de texte prévues à cet effet. Cliquez sur le bouton **Ajouter aux contacts** et, si vous le souhaitez, vous pouvez utiliser les autres sections du menu de gauche pour spécifier des informations supplémentaires :

- Dans un cadre professionnel, les sections *Personnel* et *Professionnel* peuvent vous être utiles. Elles permettent effectivement d'inscrire les adresses de votre correspondant dans ces différents lieux.
- Votre carnet d'adresses peut également servir de pense-bête, comme l'illustre l'onglet **Notes**, qui permet de spécifier des commentaires de votre choix à ne pas oublier.
- La section *Contact* permet de saisir des informations supplémentaires, tels un téléphone mobile ou une autre adresse de messagerie.
- La dernière section permet d'indiquer les références d'un certificat de signature numérique pour authentifier les messages de votre correspondant.

4 Validez à présent toutes ces informations en cliquant sur le bouton **Ajouter aux Contacts**. Vous pouvez répéter toutes ces étapes pour ajouter d'autres contacts dans votre espace contacts.

Bien entendu, tous vos contacts sont disponibles dans la fenêtre d'édition des nouveaux messages de votre logiciel de messagerie, Windows Live Mail.

Pour ajouter un contact dans le carnet d'adresses directement à partir d'un message que vous recevez dans Windows Live Mail, il existe une méthode encore plus rapide.

1 Au moment d'envoyer un message ou lorsque vous en recevez un, cliquez du bouton droit de la souris sur le nom de votre correspondant à partir de la fenêtre des messages. Notez que vous pouvez également cliquer sur l'intitulé d'un message, tout simplement.

2 Sélectionnez, dans le menu contextuel, la commande *Ajouter l'expéditeur aux Contacts*.

3 Votre carnet d'adresses s'affiche immédiatement avec une nouvelle fiche attribuée à votre contact (son nom et son adresse ont déjà été repris automatiquement dans les champs correspondants). Si vous le souhaitez, vous pouvez compléter manuellement les différents champs des autres sections que nous vous avons présentés précédemment.

Créer une carte de visite

Pour apporter une touche professionnelle à tous vos messages, pourquoi ne pas leur joindre automatiquement une carte de visite électronique qui se montre parfaitement adaptée à la situation ? Cela dit, pour en profiter en toute simplicité, il est nécessaire dans un premier temps de créer votre propre carte de visite à partir de votre carnet d'adresses.

1 Démarrez votre logiciel de courrier électronique.

2 Sélectionnez la commande **Options** du menu **Outils**.

3 Cliquez sur l'onglet **Message** et cochez l'option *Courrier* sous la section *Cartes de visite*.

4 Cliquer sur le bouton **Modifier**.

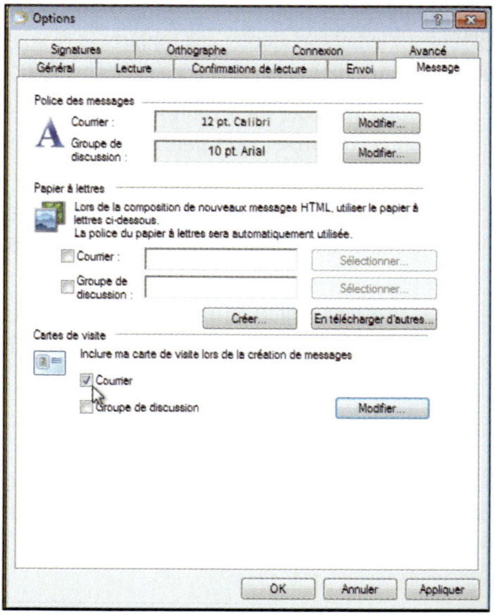

5 La fenêtre **Modifier le contact** apparaît. Les informations qu'elle contient ont été automatiquement reprises à partir de votre compte utilisateur.

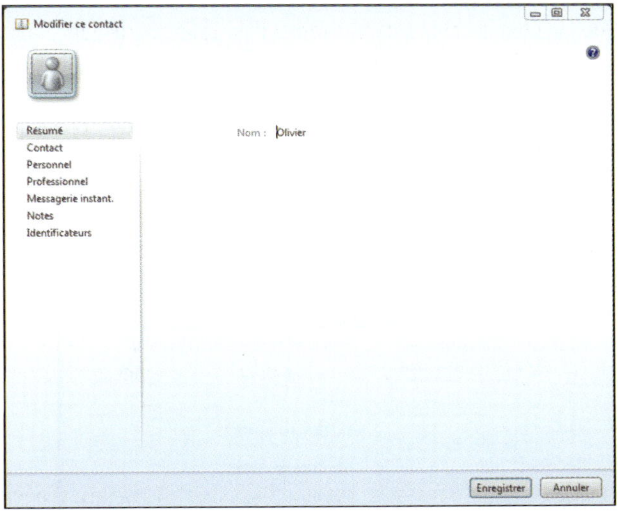

6 Remplissez les différents champs proposés à partir des différentes sections disponibles pour compléter les informations de votre carte visite. Reportez-vous, si nécessaire, à la partie précédente dédiée à la création d'une nouvelle fiche de contact. En effet, les sections disponibles sont identiques à celles que nous avons utilisées précédemment pour créer de nouveaux contacts dans notre carnet d'adresses.

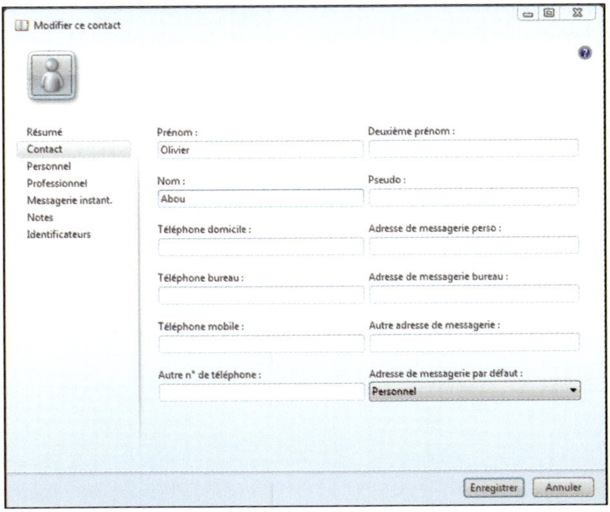

7 Cliquez sur le bouton **Enregistrer** pour valider les informations et quittez la fenêtre de modification de contact.

8 Refermez ensuite la boîte de dialogue des options de Windows Live Mail par OK pour enregistrer vos nouveaux paramètres.

Après avoir mis à jour votre carte de visite, il ne reste plus qu'à la joindre automatiquement à tous les messages que vous enverrez dorénavant. Cette opération se fait en toute transparence lorsque vous cliquez sur le bouton **Envoyer** de la fenêtre d'édition des nouveaux messages, comme nous le verrons au prochain chapitre dédié à l'envoi de vos e-mails.

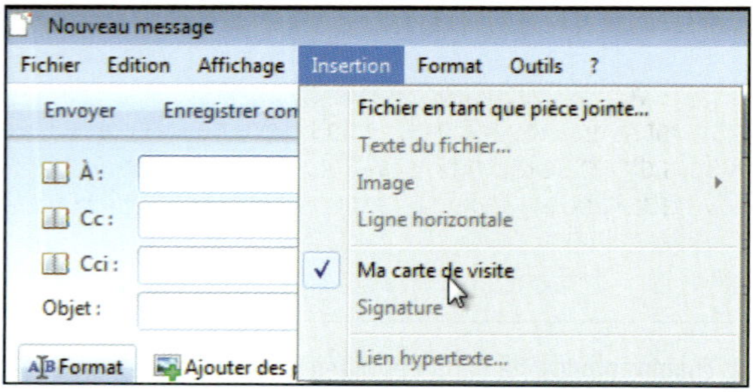

Désactiver l'envoi de la carte de visite

Pour annuler l'envoi de votre carte de visite lorsque vous composez un nouveau message, il suffit de désactiver la nouvelle commande ***Ma carte de visite*** *qui apparaît sous le menu* ***Insertion*** *dans la fenêtre d'édition des nouveaux messages.*

Chapitre 4

UTILISER *Windows Live Mail*

Une fois Windows Live Mail installé et configuré avec vos adresses e-mail et l'adresse des serveurs POP3/IMAP et SMTP, le programme est immédiatement opérationnel. Cela dit, la messagerie Internet ne s'improvise pas et, même si Microsoft met gratuitement à votre disposition un produit convivial, il convient d'assimiler les bases de la transmission des e-mails sur le Net.

ENVOYER DES MESSAGES

Avant d'envoyer des messages à vos correspondants, il est nécessaire de savoir comment les rédiger et comment remplir les adresses. Car, à l'instar du courrier postal, il existe des conventions d'écriture que vous devez respecter pour que l'acheminement de vos informations puisse se dérouler sans aucune difficulté. Voyons cela de plus près.

► Les bases de la transmission

Lorsque vous envoyez une lettre par la poste, vous devez indiquer plusieurs informations à propos du destinataire sur l'enveloppe. Pour l'e-mail, c'est encore plus simple. Il existe des champs prédéfinis qu'il suffit de remplir. Et comme le courrier classique, un e-mail est composé de plusieurs parties que nous allons voir dès à présent.

Les parties de l'e-mail

Un e-mail est composé de plusieurs parties, quatre exactement : l'enveloppe, l'en-tête, le corps et la signature.

L'enveloppe est lisible uniquement par les serveurs, et les utilisateurs n'ont pas à s'en préoccuper (sauf s'ils exercent une activité d'administrateur et qu'ils doivent configurer, entre autres, le serveur de messagerie de leur réseau), nous n'y reviendrons donc pas.

À l'inverse, l'en-tête correspond à un espace qui regroupe tous les champs d'expédition à remplir par l'expéditeur. Il convient alors de connaître tous ces champs, ce qui constitue probablement la première difficulté des services de messagerie pour les néophytes. Pour mieux comprendre le rôle des en-têtes, il suffit de les comparer aux enveloppes du courrier classique, qui servent de support pour l'inscription des adresses et le timbre.

La troisième partie de l'e-mail, le corps, est l'espace où vous devez saisir votre message. En somme, c'est l'équivalent de la lettre que vous glissez dans une enveloppe avant de l'envoyer. Notez cependant que lorsque vous attachez un fichier à vos messages, celui-ci fait partie du corps de l'e-mail, même si, sous l'interface graphique de votre logiciel de messagerie, la pièce jointe apparaît totalement à part.

Enfin, la signature correspond à un petit fichier texte descriptif (contenant, par exemple, l'adresse de votre site web ou votre numéro de téléphone) qui accompagne systématiquement tous les messages que vous envoyez. Le texte de ce fichier apparaît en bas de message, à la suite de votre texte. La signature est le seul élément optionnel des quatre parties de l'e-mail. Rien ne vous oblige effectivement à en adopter une.

Remplir les champs d'expédition

Avant de rédiger le corps de votre message et de l'envoyer, il faut indiquer l'adresse du destinataire, c'est-à-dire remplir les différents champs de l'en-tête de votre e-mail. Ces derniers apparaissent de façon indépendante dans Windows Live Mail, en haut de la fenêtre d'édition des messages.

Pour y accéder, la procédure s'effectue en toute simplicité, en quelques clics de souris.

1 Démarrez Windows Live Mail et cliquez sur le bouton **Nouveau** dans la barre d'outils pour ouvrir la fenêtre d'édition des nouveaux messages.

2 Un nouvel espace s'affiche pour la rédaction de vos messages. Par défaut, seuls deux champs d'expédition apparaissent, or il en existe plusieurs autres. Pour les afficher tous, sélectionnez le lien **Afficher les champs Cc et Cci**.

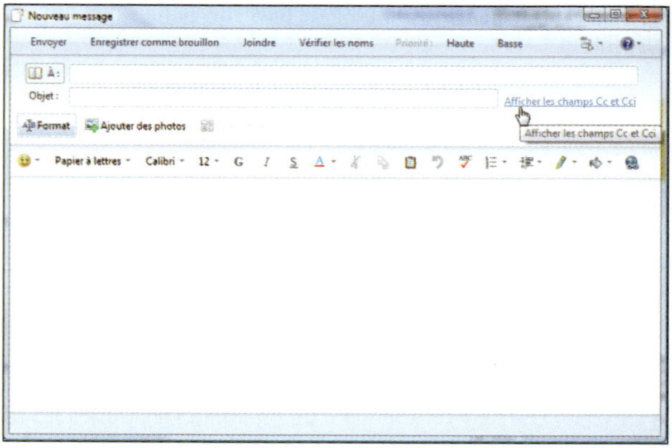

3 Immédiatement après, vous disposez deux champs supplémentaires, intitulés *Cc* et *Cci*, dans l'en-tête de votre nouveau message. Vous verrez leur rôle à l'étape de l'envoi des messages.

Comme vous pouvez le constater, il n'existe pas de nombreux champs à remplir avant d'expédier vos e-mails. En fait, il en existe un obligatoire, un conseillé et les deux autres sont facultatifs. Commençons par celui qui est obligatoire.

1 Le champ *A* (ou *To* en anglais) permet d'indiquer l'adresse électronique du destinatai re de votre e-mail. Il suffit de la saisir à cet endroit.

2 Notez qu'en cliquant sur l'intitulé du champ, vous faites apparaître le carnet d'adresse de Windows.

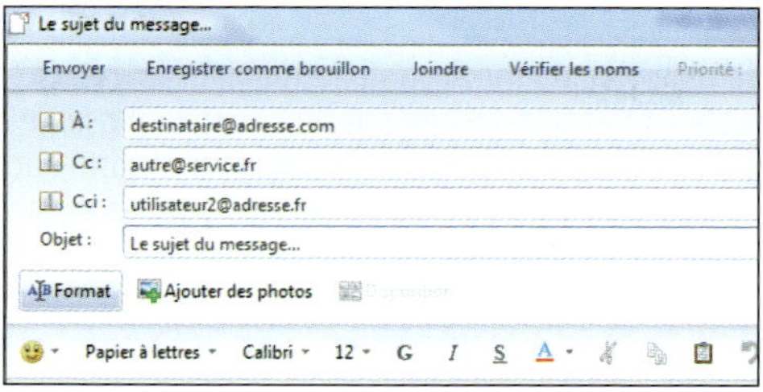

Plusieurs destinataires

Pour envoyer votre message à plusieurs correspondants, inutile de créer autant de nouveaux messages qu'il existe de destinataires. Il suffit d'inscrire leurs adresses les unes à la suite des autres en les séparant d'une virgule.

Passons à présent au champ conseillé, intitulé *Objet*. Celui-ci permet d'indiquer un sujet au message. S'il n'est pas obligatoire, on remarquera tout de même qu'il n'est pas élégant d'envoyer des e-mails dont l'objet est vide. Votre correspondant peut en outre rencontrer des difficultés pour classer votre message sans sujet. Dès lors, mieux vaut consacrer quelques secondes supplémentaires pour inscrire deux ou trois mots sous ce champ avant d'envoyer vos e-mails.

Toujours dans l'en-tête de votre nouveau message, vous trouvez encore deux autres champs, mais qui, cette fois-ci, sont facultatifs.

1 Le champ *Cc* (Carbon copy) permet d'envoyer une copie du message à un ou à plusieurs autres destinataires dont vous pouvez indiquer l'adresse e-mail ici. À l'instar du champ *A*, vous pouvez inscrire plusieurs adresses en les séparant d'une virgule.

Là encore, en cliquant sur l'intitulé du champ, vous pouvez afficher votre carnet d'adresses et insérer directement de nouveaux contacts sous ce champ.

2 Le champ *Cci* désigne aussi un espace où vous pouvez inscrire des adresses e-mail pour envoyer le message à d'autres destinataires. Toutefois, à la différence des précédents champs, les adresses des en-têtes sont masquées. En d'autres termes, lorsque tous vos correspondants recevront votre message, il ne leur sera pas possible de connaître les destinataires dont les adresses ont été saisies sous ce champ.

Bien entendu, en cliquant sur l'intitulé du champ, vous pouvez ici aussi afficher votre carnet d'adresses et insérer directement de nouveaux contacts.

Rédiger un e-mail

La rédaction du message s'effectue dans le corps, c'est-à-dire l'espace qui se situe juste en dessous des champs de l'en-tête. La saisie du texte se fait comme dans n'importe quel traitement de texte et il n'existe aucune consigne particulière au niveau de la forme ou du fond. Vous pouvez même choisir votre police de caractères.

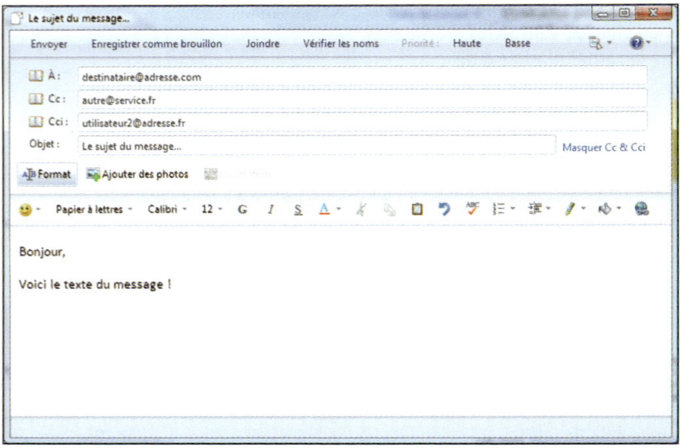

La police de caractères

Pour rédiger vos messages, choisissez la police de caractères avec prudence. Si vos correspondants ne l'ont pas installé sur leur système, ils ne pourront pas en profiter lorsqu'ils liront vos messages. Dans ce cas, votre police sera remplacée par celle qui est proposée par défaut sur le système du destinataire (Arial ou Courier, par exemple).

1 Sélectionnez la commande **Options** du menu **Outils** pour afficher la boîte de dialogue dédiée aux paramètres de configuration de Windows Live Mail.

Afficher la barre des menus

Si la barre des menus est absente, appuyez simultanément sur les touches Ctrl+M. *Elle apparaîtra immédiatement.*

2 Dans la boîte de dialogue qui s'affiche, vous pouvez choisir le type de police à utiliser et définir sa taille, voire sa couleur. Nous vous déconseillons toutefois de modifier les autres paramètres (inutile, par exemple, d'écrire tous vos messages en gras ou en italique !). Une fois vos choix effectués, cliquez sur le bouton OK pour les valider.

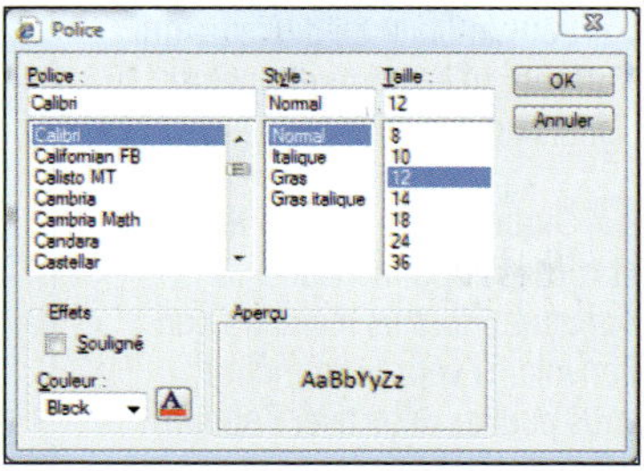

Ajouter une signature

Comme nous l'avons indiqué au début, la signature représente une partie optionnelle d'un message e-mail. Elle représente un petit fichier texte (portant l'extension *.sig*) qui s'insère automatiquement en bas des messages que vous envoyez.

Si l'on en croit la **Netiquette**, elle ne devrait théoriquement pas dépasser quatre ou cinq lignes. Mais, comme vous le constaterez très vite, elle constitue bien souvent un véritable divertissement pour certains et elle peut prendre alors une dimension... considérable.

La Netiquette

Il s'agit d'un ensemble de règles non officielles qui définissent les principes de bonne conduite sur Internet.

En général, une signature e-mail permet de vous identifier de façon plus précise auprès de vos correspondants ou de personnaliser vos messages. Dans d'autres cas, elle constitue également un espace idéal pour passer un message publicitaire ou faire la promotion de vos activités.

Si cela vous tente, voici comment créer et intégrer automatiquement une signature dans vos messages.

1 Démarrez Windows Live Mail et sélectionnez la commande **Options** du menu **Outils**.

Afficher la barre des menus

Comme dans la fenêtre d'édition des nouveaux messages, si la barre des menus est absente, appuyez simultanément sur les touches Ctrl+M.

2 Dans la boîte de dialogue qui s'affiche, sélectionnez l'onglet *Signatures*.

3 Cliquez sur le bouton **Nouveau** et cochez l'option *Ajouter ma signature à tous les messages* que j'envoie. Si vous le souhaitez, vous pouvez désactiver l'option qui suit, c'est-à-dire *Ne pas ajouter ma signature aux réponses et aux transferts*.

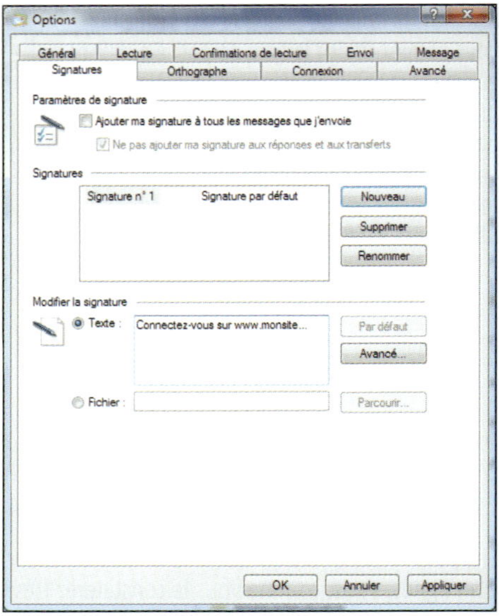

4 Dans la section *Modifier la signature*, rédigez le texte de votre signature ou cliquez sur l'option *Fichier* pour, avec le bouton **Parcourir**, indiquer un fichier à intégrer directement en bas de votre message (un fichier texte ou une image). Validez ensuite la boîte de dialogue par OK.

Notez que vous pouvez avoir plusieurs signatures. Il suffit de sélectionner celle que vous souhaitez utiliser au moment d'envoyer votre message sur la liste déroulante correspondante dans l'éditeur de messages.

Dernière remarque : évitez de choisir une image pour votre signature. Cela alourdira vos messages inutilement et fera probablement râler plus d'un de vos correspondants.

Envoyer un e-mail

Rien de plus simple ! Vous avez rempli tous les champs de l'en-tête ? Vous avez rédigé votre texte dans le corps du message ? Éventuellement, vous avez ajouté votre signature si vous l'avez créée... Alors il ne vous reste effectivement plus qu'à envoyer votre message.

Concrètement, un seul clic de souris suffit. Cliquez sur le bouton **Envoyer** de la barre d'outils intégrée dans la fenêtre de composition de votre message. Ce n'est pas plus compliqué que cela.

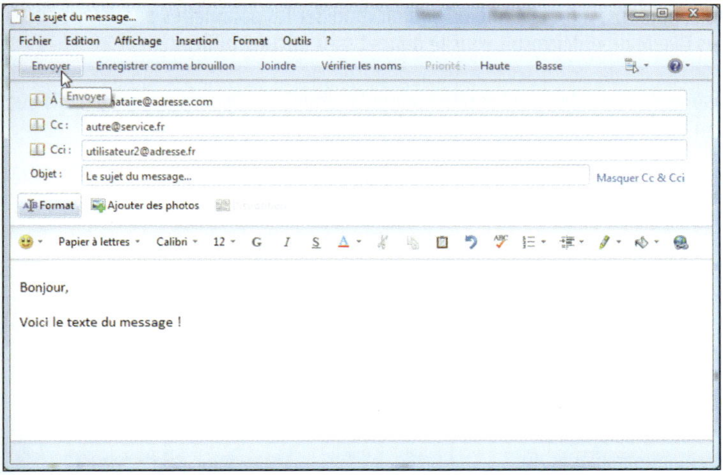

▶ Envoyer un e-mail comme un professionnel

Nous venons de voir la méthode la plus simple et la plus rapide pour envoyer un message. En général, elle conviendra à la plupart d'entre vous, mais, dans certains cas, il faudra régler plus précisément les paramètres de configuration de Windows Live Mail (en cas d'incompatibilité avec le format HTML chez votre correspondant, par exemple) ou modifier certains points pour que l'utilisation de ce programme vous convienne vraiment.

Configuration avancée des envois

Windows Live Mail envoie ses messages par défaut au format HTML. Or, si l'apparence d'un e-mail au format HTML est considérablement plus attrayante qu'un simple message texte, cela implique toutefois deux problèmes. Le premier : votre correspondant ne possède pas toujours un lecteur d'e-mails compatible avec le format HTML. Dans ce cas, les messages que vous lui enverrez seront parfaitement illisibles. Second problème : la bande passante consommée sur le réseau. Elle est effectivement plus importante avec les messages HTML, qui peuvent contenir des instructions de code pour la mise en page et des images.

Dans ces conditions, il est légitime de vouloir modifier les paramètres par défaut de Windows Live Mail, et Microsoft vous le permet sans aucune difficulté.

1 Démarrez Windows Live Mail et sélectionnez la commande **Options** du menu **Outils** que vous connaissez bien maintenant.

2 Dans la boîte de dialogue qui s'affiche, cliquez sur l'onglet **Envoi**.

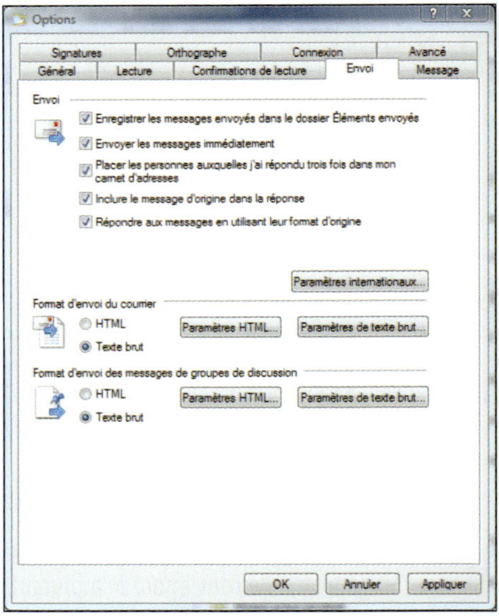

3 Sous la section *Format d'envoi du courrier*, cliquez sur l'option *Texte brut*. Désormais, Windows Live Mail enverra vos messages au format texte par défaut.

4 Vous pouvez définir plus précisément les paramètres du format sélectionné. Pour cela, cliquez sur le bouton **Paramètres de texte brut** pour afficher une nouvelle boîte de dialogue. Nous vous conseillons toutefois de ne modifier ici aucune option. Elles ne seront utiles que dans un environnement intranet (le réseau privé de votre entreprise, par exemple). Dans ce cas, l'administrateur système autorise peut-être certaines libertés pour la configuration de l'envoi des messages. Mais, comme nous l'avons dit, les réglages proposés par défaut ne doivent surtout pas être changés si vous utilisez Windows Live Mail pour communiquer à travers Internet.

5 Comme vous pouvez le constater avec la présence du bouton **Paramètres HTML**, il est également possible de peaufiner les paramètres d'envoi des messages au format HTML. Là encore, pour une utilisation standard de la messagerie sur Internet, il n'est pas conseillé de modifier les options que l'on vous propose en cliquant sur ce bouton. Cela dit, rien ne vous empêche de modifier les deux dernières options, à savoir *Envoyer les images* pour autoriser l'insertion de fichiers graphiques dans vos e-mails, ou *Mettre en retrait le message lors de la réponse* pour créer un effet de style lorsque vous répondez à un e-mail.

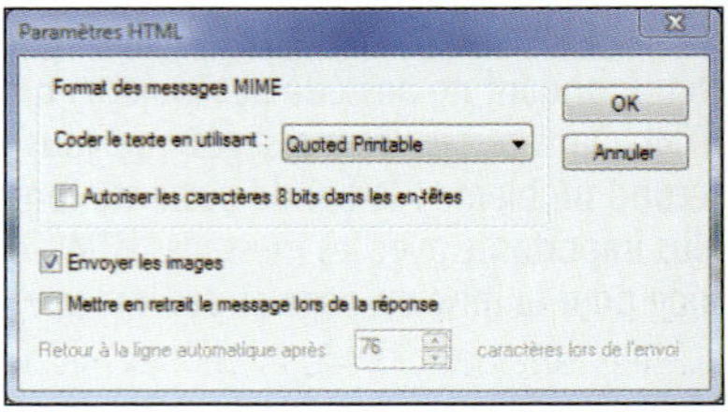

6 Comme vous pouvez le remarquer avec les options de la première section de la boîte de dialogue, il existe encore de nombreux autres paramètres à régler pour envoyer vos messages. Par exemple, en cochant l'option *Enregistrer les messages envoyés dans le dossier Éléments envoyés*, vous conserverez automatiquement une copie des e-mails envoyés.

Si vous disposez d'une connexion permanente de type ADSL ou câble, vous pouvez cocher l'option *Envoyer les messages immédiatement* ; sinon désactivez-la. Lorsque vous cliquerez sur le bouton **Envoyer** de l'éditeur de messages, votre e-mail sera placé dans un dossier spécifique avant d'être réellement envoyé lorsque vous vous connecterez à Internet.

En cochant l'option *Placer les personnes auxquelles j'ai répondu trois fois dans mon carnet d'adresses*, vous avez la possibilité d'enregistrer automatiquement l'adresse électronique de tous vos correspondants dans votre carnet d'adresses, dès que vous leur répondez plus de trois fois.

Lorsque vous répondez à un message, il est courant de reprendre l'intégralité de l'e-mail d'origine dans votre réponse. Cela dit, vous pouvez changer les habitudes en désactivant l'option *Inclure le message d'origine dans la réponse*. Ce qui n'est toutefois pas conseillé car la reprise du message initial permet souvent à votre correspondant de mieux resituer le contexte d'un échange.

Enfin, pour éviter tout problème de compatibilité avec vos correspondants, nous vous conseillons de cocher la dernière option, à savoir *Répondre aux messages en utilisant leur format d'origine*.

7 Par défaut, les paramètres internationaux de Windows Live Mail ont été réglés automatiquement en fonction de la langue de votre système. Toutefois, si vous devez changer de pays, rien ne vous interdit de modifier le jeu de caractères employé dans vos messages. Il suffit de cliquer sur le bouton **Paramètres internationaux** et de choisir votre système de codage sur la liste déroulante **Codage par défaut**. Dans tous les cas, et pour respecter les standards de messagerie sur Internet, vous devez garder sélectionnée l'option *Toujours utiliser les en-têtes anglais en réponse à un message*.

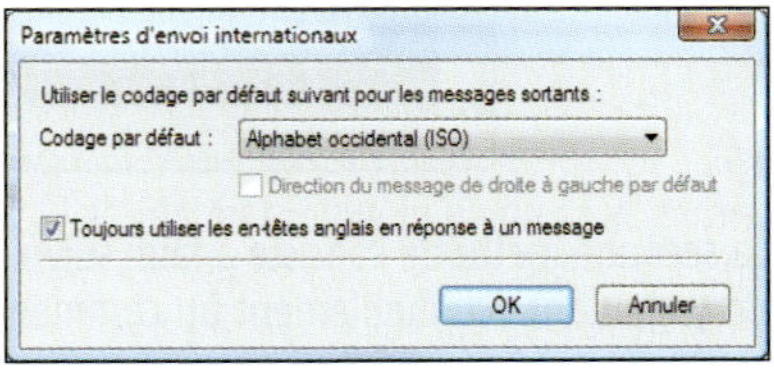

Répondre et faire suivre

Nous avons vu comment envoyer un message le plus simplement du monde. Mais il existe encore deux autres méthodes qui ne sont pas bien plus compliquées.

La première consiste tout simplement à répondre directement à un message.

1 Lorsque vous lisez un e-mail dans la fenêtre principale de Windows Live Mail, à partir du dossier *Boîte de réception* par exemple, cliquez sur le bouton **Répondre** de la barre d'outils pour ouvrir la fenêtre d'édition des messages.

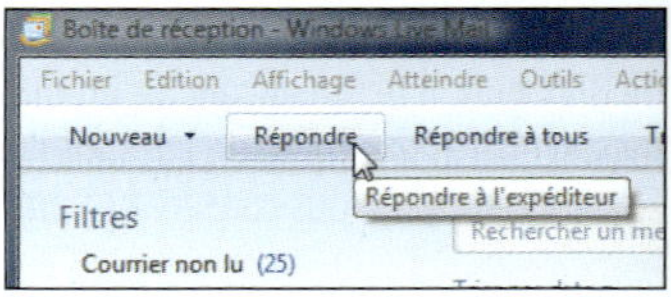

Plusieurs correspondants

Si le message a été envoyé à plusieurs personnes, vous pouvez cliquer sur le bouton ***Répondre à tous*** *pour envoyer votre réponse à tous les correspondants.*

Comme vous pouvez le constater, le message initial a été repris. Il ne vous reste plus qu'à rédiger votre réponse et à cliquer sur le bouton **Envoyer**.

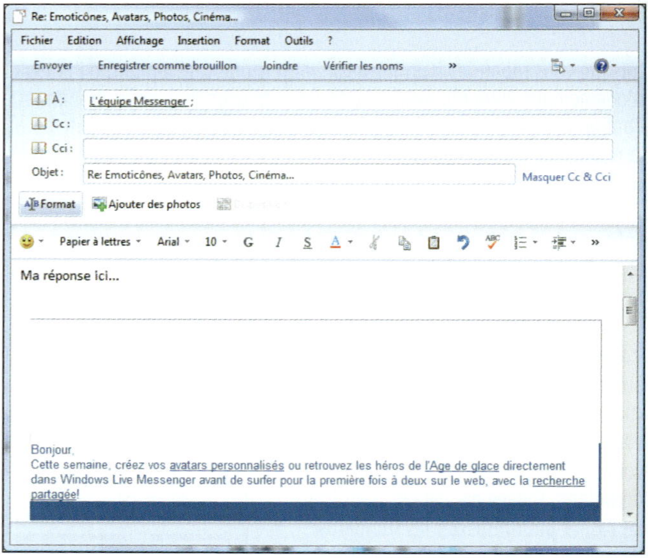

La seconde méthode consiste à faire suivre le message reçu à d'autres correspondants, en y ajoutant éventuellement un commentaire.

1 Affichez un message dans la fenêtre principale de Windows Live Mail et cliquez sur le bouton **Transférer** de la barre d'outils.

2 La fenêtre d'édition des messages s'ouvre, mais, à la différence de la procédure précédente, vous devez indiquer ici les adresses électroniques des correspondants vers lesquels vous souhaitez faire suivre le message. Bien entendu, rien ne vous interdit d'ajouter un commentaire dans le corps du message ou de modifier l'objet.

Envoyer des pièces jointes

La messagerie Internet permet d'envoyer bien mieux que de simples messages. En effet, rien ne vous empêche d'y attacher un fichier binaire, c'est-à-dire une image, du son, un logiciel, un document Word, une feuille de calcul Excel, etc.

Concrètement, votre logiciel de courrier électronique convertit automatiquement le document attaché pour le faire transiter sur Internet dans un format texte. Lorsque votre correspondant le récupère ensuite, son programme de messagerie convertit automatiquement le fichier attaché pour qu'il retrouve son format initial. Bien entendu, la procédure est totalement transparente et les utilisateurs n'ont pas à s'en préoccuper.

À ne pas négliger

Lorsque vous envoyez un fichier attaché, le temps de transmission du message peut être considérablement plus long. Plus le fichier est volumineux, plus il est long à transférer.

1 Pour envoyer une pièce jointe, démarrez Windows Live Mail et cliquez sur le bouton **Nouveau** (premier bouton de la barre d'outils).

2 Remplissez les champs d'en-tête (indiquez le ou les destinataires, l'objet...) et rédigez votre message comme d'habitude. Mais, avant de l'envoyer, cliquez sur le bouton **Joindre**.

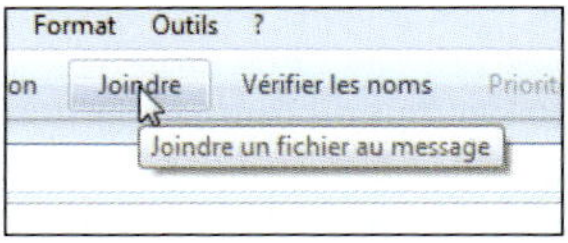

3 Une boîte de dialogue apparaît instantanément. Sélectionnez le fichier que vous souhaitez envoyer avec le message et cliquez sur le bouton **Ouvrir**.

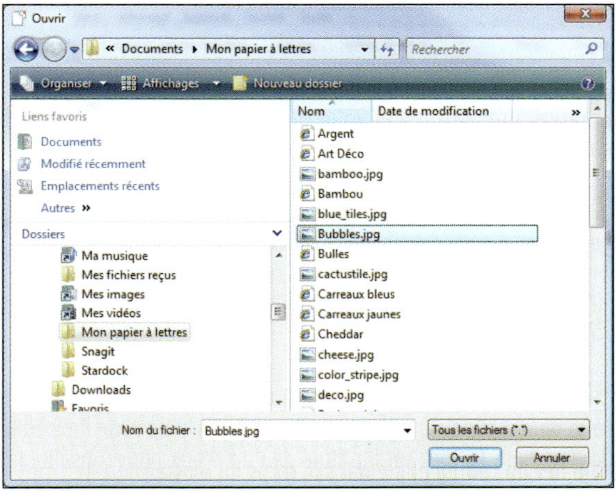

Rien ne vous interdit d'attacher ensuite un deuxième ou un troisième fichier... mais il faut rester raisonnable au niveau du poids de votre message. Quoi qu'il en soit, après que vous avez joint vos fichiers, une nouvelle ligne s'affiche dans l'en-tête de votre message et indique le nom des fichiers attachés. Il ne vous reste plus qu'à envoyer l'e-mail comme d'habitude, en cliquant sur le bouton **Envoyer**.

Précautions

Lorsqu'un fichier doit transiter par la messagerie Internet, il faut particulièrement faire attention à son intitulé. Évitez tous les caractères spéciaux (dont les accents) et n'utilisez pas d'espace non plus. Si possible, choisissez un nom de fichier court pour empêcher que le titre ne soit tronqué.

RECEVOIR DES MESSAGES

Après l'envoi des messages, il nous faut voir maintenant comment se déroule leur réception. Rien de bien compliqué là non plus, si vous avez correctement configuré votre programme.

▶ Les bases de la réception

Le transfert du courrier électronique sur votre machine peut prendre un temps considérable. Tout dépend en fait du nombre de messages à transférer, de la vitesse de votre connexion et, surtout, du volume des pièces attachées à certains e-mails que vous recevrez.

Recevoir les messages

La procédure pour retirer votre courrier n'exige aucune compétence technique particulière.

1. Démarrez Windows Live Mail et cliquez, dans la barre d'outils, sur le bouton **Synchroniser**. Cette fonction à la particularité d'envoyer d'abord les messages qui sont dans la file d'attente et, dans un second temps, de retirer votre courrier à partir du serveur POP3 ou IMAP dont vous avez spécifié l'adresse dans les paramètres de configuration de Windows Live Mail.

2. Une fois téléchargé, tous les nouveaux messages apparaissent dans le dossier intitulé **Boîte de réception**. Le cadre du milieu affiche le nom de l'expéditeur, son sujet et la date de réception. Cliquez sur l'intitulé de l'un d'eux pour consulter immédiatement son

contenu dans le cadre de droite. Notez que la colonne qui intègre l'icône d'un trombone permet de savoir si le message contient une pièce jointe.

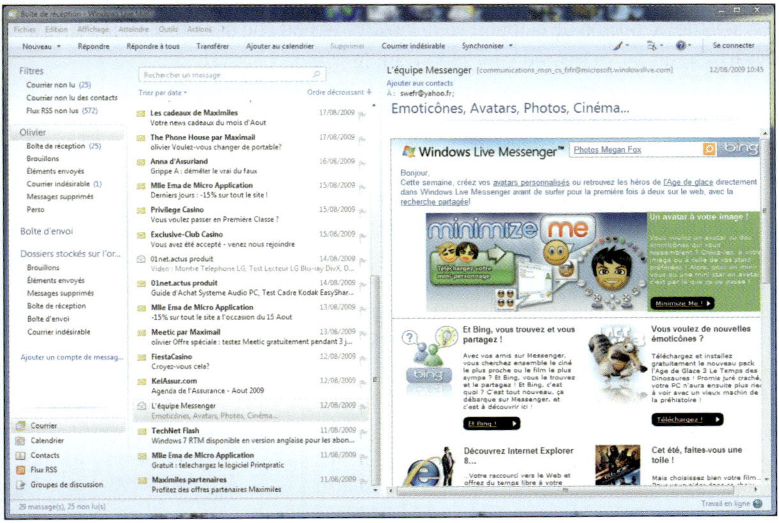

Classer les messages

Avec le temps, et comme vous le remarquerez très vite, les messages s'accumulent dans la boîte de réception. Pour les trier, ce n'est pas bien compliqué. Il suffit de cliquer sur les intitulés de colonne pour les classer par ordre croissant ou décroissant.

Cela dit, avec le nombre de messages que vous risquez de recevoir au fil du temps, cette méthode de tri se révèle très vite insuffisante.

Nous vous renvoyons au chapitre précédent où la procédure de création de dossiers thématiques supplémentaires est expliquée. Cela vous permettra effectivement de ventiler vos messages afin d'y voir plus clair.

Concrètement, le rangement des e-mails dans différents dossiers se fait en toute simplicité avec votre souris.

1 Sélectionnez l'intitulé du message que vous souhaitez déplacer dans le volet du milieu de Windows Live Mail, c'est-à-dire la boîte de réception.

2 Tout en maintenant le bouton gauche de la souris enfoncé, déplacez son pointeur sur le dossier où vous souhaitez ranger le message.

3 Relâchez le bouton de la souris. Votre message vient d'être déplacé dans le nouveau dossier.

4 Vous pouvez également sélectionner et déplacer vos messages en cliquant dessus avec le bouton droit de la souris. De cette façon, vous disposez de plusieurs commandes à sélectionner au choix.

La commande **Déplacer vers un dossier** permet de déposer le message sélectionné dans un nouveau dossier en le supprimant du dossier de départ. À l'inverse, la commande **Copier dans un dossier** permet de créer une copie du message sélectionné dans un nouveau dossier, sans supprimer l'exemplaire original dans le dossier de départ.

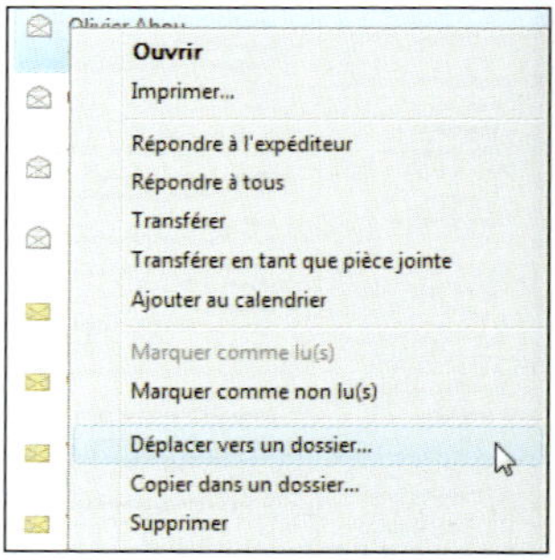

5 Après avoir sélectionné l'une des deux commandes, une boîte de dialogue s'affiche pour vous permettre d'indiquer le dossier où vous souhaitez déplacer ou copier le message sélectionné. Choisissez le nouveau dossier et cliquez sur OK pour déplacer ou copier le message.

Comme nous le verrons plus loin, il est également possible de classer vos messages automatiquement, dès que vous les recevrez.

Sauvegarder les messages

Vos e-mails peuvent être copiés dans différents dossiers de Windows Live Mail, mais ce n'est pas toujours suffisant pour constituer une sauvegarde fiable. De plus, vous pouvez avoir besoin, un jour, d'emporter deux ou trois messages spécifiques. Dans ces conditions, il va vous falloir les sauvegarder séparément.

1 Démarrez Windows Live Mail et sélectionnez le message que vous souhaitez sauvegarder.

2 Sélectionnez la commande **Enregistrer sous** du menu **Fichier**.

3 Une nouvelle boîte de dialogue s'affiche et vous propose, sur la liste déroulante *Type*, trois formats de sauvegarde. Le premier, *.eml*, correspond au format originel de Windows Live Mail, tandis que le deuxième désigne un format texte simple. Le troisième correspond à un format texte Unicode qui pourra être exploité sans difficulté dans d'autres environnements (Macintosh, par exemple). Enfin, le dernier désigne le format des pages web (*.htm* ou *.html*).

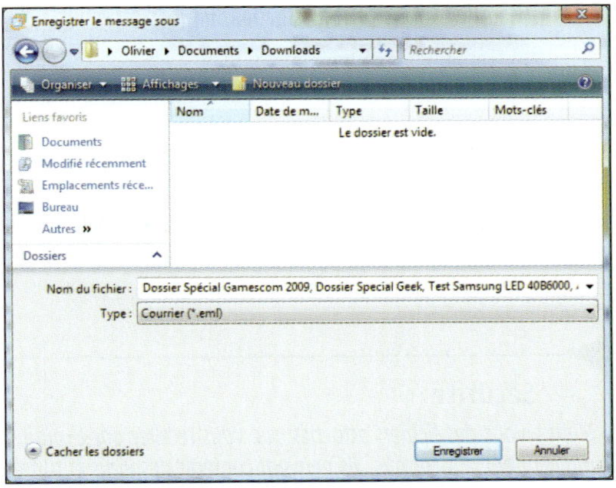

Notez que les messages peuvent également être exportés en une seule fois pour être directement exploités ensuite dans d'autres applications. Il suffit de sélectionner la commande **Exporter/Messages** du menu **Fichier**.

Sauvegarder les pièces jointes

Lorsque vous recevez un fichier attaché à un message, vous devez généralement le sauvegarder sur votre disque. La procédure ne présente aucune difficulté et il existe plusieurs méthodes pour arriver à vos fins.

1 Les messages qui contiennent un fichier attaché sont facilement identifiables dans vos dossiers par l'icône d'un trombone. Sélectionnez celui dont vous souhaitez sauvegarder la pièce jointe.

2 Dans le volet de droite de la fenêtre principale de Windows Live Mail, double-cliquez sur l'intitulé de la pièce jointe.

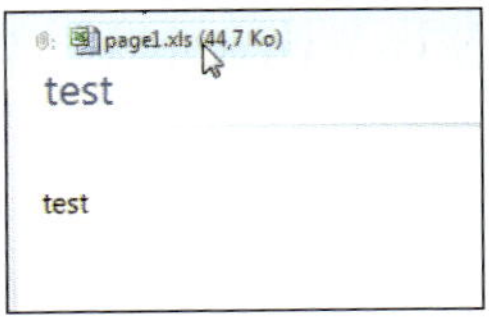

3 Dans la nouvelle boîte de dialogue qui s'affiche, cliquez sur le bouton **Ouvrir** pour le fichier que vous venez de recevoir. Il ne reste plus ensuite qu'à le sauvegarder avec les commandes habituels du programme dans lequel vous venez d'ouvrir la pièce jointe.

Autre possibilité pour enregistrer les fichiers attachés :

1 Sélectionnez le message dont vous souhaitez sauvegarder la pièce jointe.

2 Sélectionnez la commande **Enregistrer les pièces jointes** du menu **Fichier**.

3 La boîte de dialogue intitulée **Enregistrer les pièces jointes** s'affiche. Sélectionnez le dossier où sauvegarder le fichier et cliquez sur **Enregistrer**.

Sécurité

Méfiez-vous des fichiers attachés que vous recevez par e-mail, en particulier ceux qui proviennent d'inconnus. Ils peuvent contenir des virus et autres mauvaises plaisanteries de ce genre.

Automatiser la réception des e-mails

Passons à présent à la mise en place des fonctionnalités qui se déclencheront automatiquement à la réception de vos messages. La technique consiste à élaborer des règles de filtrage automatique.

Le classement automatique

Comme nous l'avons vu précédemment, le classement des messages dans vos dossiers peut se faire en toute simplicité en les déplaçant avec votre souris. Si cette méthode est à la portée de tous, elle peut toutefois devenir très fastidieuse quand le nombre de messages à trier croît trop vite. Or, si vous vous inscrivez par exemple à plusieurs listes de diffusion, vous pouvez rapidement vous retrouver noyé sous un flot des données. C'est pourquoi les règles de tri dans Windows Live Mail sont de toute première importance et il ne faut pas les négliger.

1 Sélectionnez la commande **Règles de message/Courrier** du menu **Outils**.

2 Si vous avez déjà défini des règles, contentez-vous de cliquer sur le bouton **Nouveau** pour en ajouter une nouvelle, sinon utilisez directement la boîte de dialogue qui vient de s'afficher.

3 Sous la première section, cochez la case *Lorsque la ligne De contient des personnes spécifiques*. Sélectionnez ensuite le lien *Contient des personnes spécifiques* dans la troisième section.

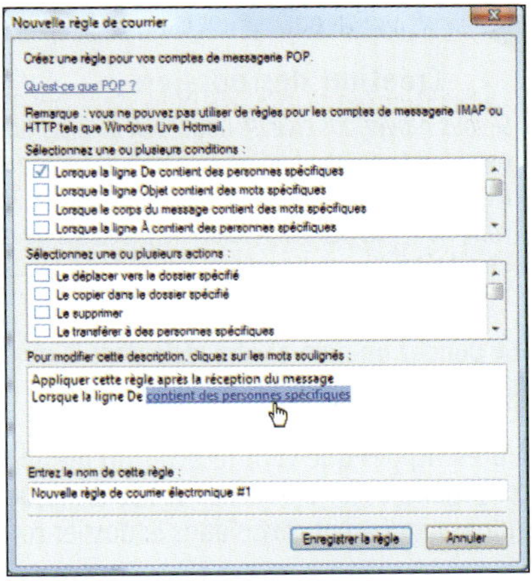

4 Dans la nouvelle boîte de dialogue qui s'affiche, saisissez les adresses e-mail des expéditeurs dont vous souhaitez classer automatiquement les messages dans les dossiers nouvellement créés. N'oubliez pas de cliquer sur le bouton **Ajouter** entre chacune d'elles, sinon votre règle ne fonctionnera pas. Notez que vous pouvez également sélectionner directement les adresses électroniques de vos correspondants à partir de votre carnet d'adresses.

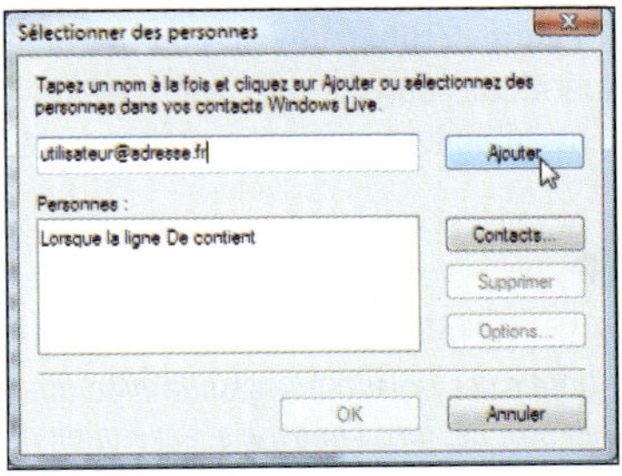

5 Retournez dans la boîte de dialogue précédente et cochez l'option *Le déplacer vers le dossier spécifié* qui apparaît dans le deuxième cadre. Ce dernier a justement été conçu pour sélectionner les différentes actions à déclencher lors de la réception des messages.

6 Cliquez sur le lien *spécifié* qui apparaît dans le deuxième cadre. Sélectionnez l'un de vos nouveaux dossiers et validez avec le bouton OK.

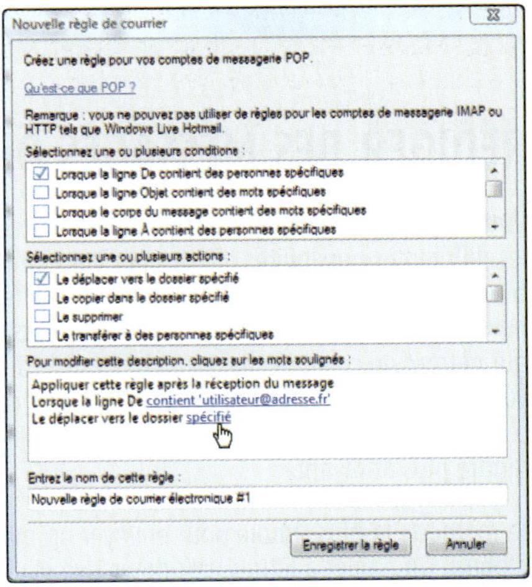

Création des dossiers

Si vous n'avez pas créé de nouveaux dossiers auparavant, inutile d'abandonner la procédure, car il n'est pas trop tard pour le faire maintenant. Il suffit de cliquer sur le bouton **Nouveau dossier** *de la boîte de dialogue pour afficher une nouvelle fenêtre qui vous permet de créer votre nouveau dossier pendant le processus de mise en place des règles.*

7 Donnez un nom à votre règle dans la quatrième section de la boîte de dialogue et cliquez une nouvelle fois sur le bouton OK.

À présent, dès que vous recevrez un message dont l'adresse de l'expéditeur correspond à l'une de celles qui sont indiquées dans votre règle, celui-ci sera automatiquement classé dans le dossier correspondant.

Bien entendu, il existe encore d'autres actions à déclencher (supprimer, faire suivre à un autre destinataire, etc.) ou de critères à définir (mots-clés dans le message, termes spécifiques dans le sujet, etc.). Découvrez-les toutes au moment de les sélectionner dans la boîte de dialogue prévue à cet effet dans Windows Live Mail.

Classer les règles

L'ordre des règles a une grande importance dans Windows Live Mail. Elles sont traitées de haut en bas. Dès lors, l'analyse et l'exécution des règles s'arrêtent dès que le programme trouve une condition remplie. C'est pourquoi, vous devez attacher un soin particulier à l'ordre d'insertion de vos règles. Utilisez les boutons **Monter** *et* **Descendre** *pour modifier, si nécessaire, le classement initial et l'ordre d'analyse des règles.*

RÉDIGER DES MESSAGES ORIGINAUX

Pour terminer notre chapitre consacré à la réception et à l'envoi des e-mails, voyons les différentes possibilités offertes par votre programme de courrier électronique pour créer des messages qui ne laisseront pas indifférent vos destinataires. Windows Live Mail permet effectivement d'envoyer des messages rédigés au même format que celui qui permet de créer des pages web, c'est-à-dire le format *HTML*. Dans ces conditions, vos messages peuvent comporter tout ce que contiennent des pages web. Voyons alors comment intégrer des images dans vos e-mails pour égayer votre communication et la rendre plus attrayante.

La méthode la plus simple pour envoyer un message original consiste à choisir tout d'abord un papier à lettres. Windows Live Mail en propose plusieurs par défaut.

1 Démarrez le programme et cliquez sur le premier bouton de la barre d'outils ou sélectionnez la commande *Message électronique* du menu **Nouveau**.

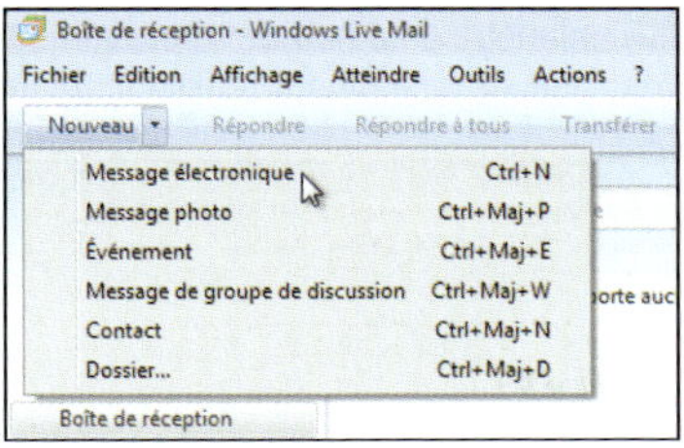

2 Dans la fenêtre d'édition des nouveaux messages, sélectionnez la commande *Appliquer le papier à lettres / Plus de papier à lettres* du menu **Format**.

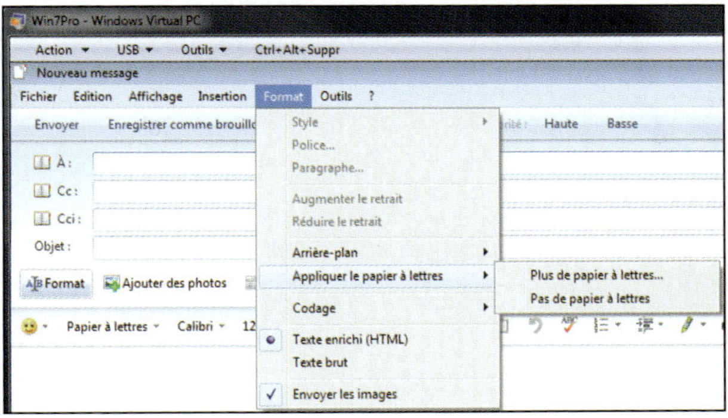

3 Dans la boîte de dialogue qui s'affiche, cochez l'option *Afficher l'aperçu* et sélectionnez un par un les fichiers proposés. Vous pouvez ainsi consulter leur contenu sous forme de miniatures dans le cadre situé à droite. Une fois que vous avez trouvé celui qui vous plaît, cliquez sur le bouton OK.

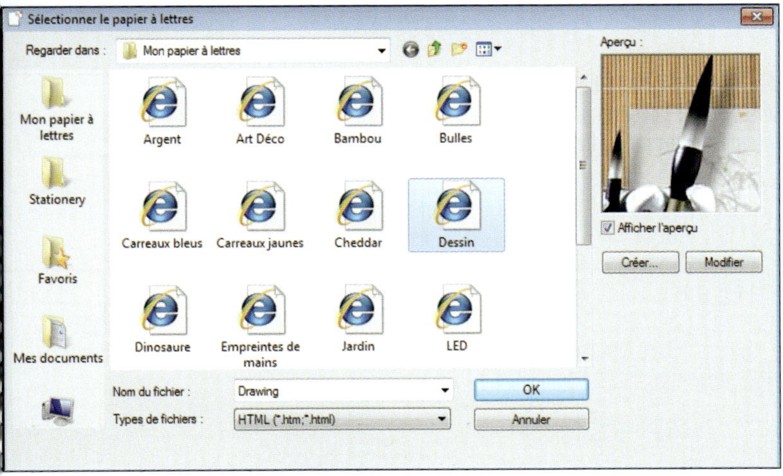

4 La fenêtre d'édition des messages apparaît avec le papier à lettres que vous avez choisi. Vous pouvez maintenant rédiger votre message comme d'habitude.

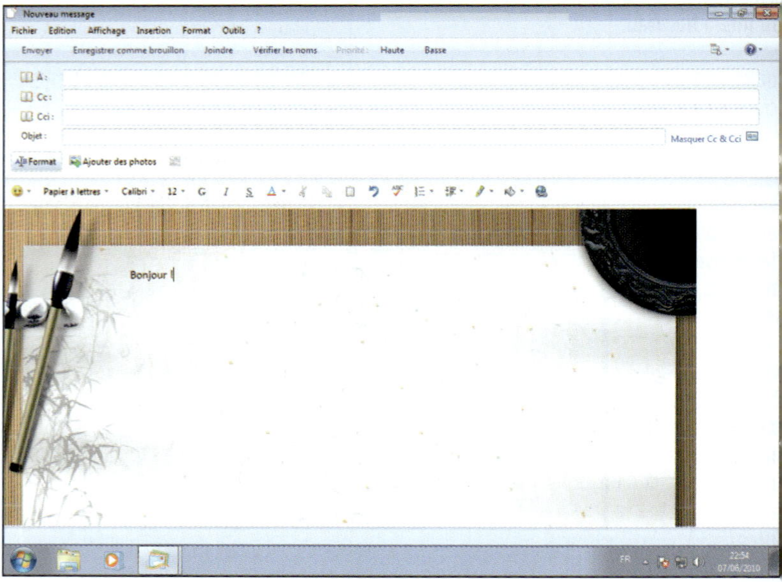

5 N'hésitez pas à utiliser les fonctionnalités de la barre d'outils de la fenêtre d'édition. Elle offre les mêmes commandes que tout traitement de texte digne de ce nom : gras, italique, changement de police, taille des caractères, etc.

6 Pour insérer une image, sélectionnez la commande *Image/incorporé(e)* du menu **Insertion**.

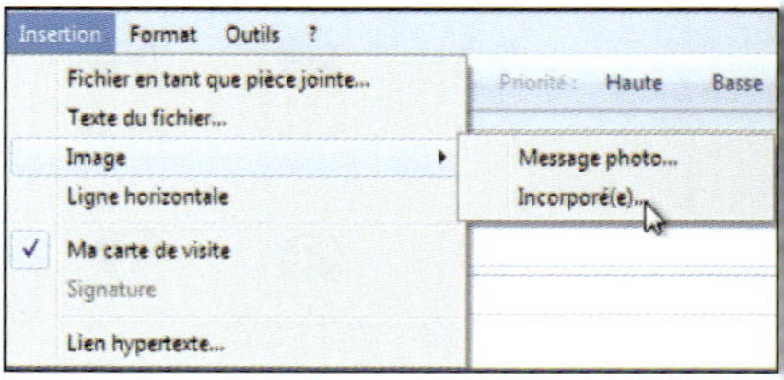

7 Une boîte de dialogue apparaît. Sélectionnez l'image que vous souhaitez intégrer dans le message et cliquez sur **Ouvrir**.

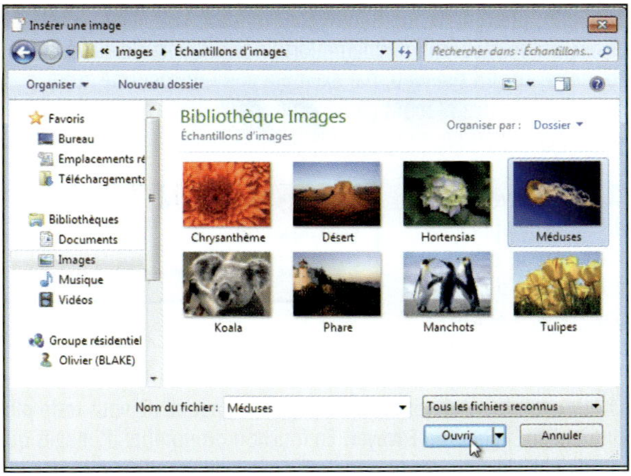

8 De retour dans la fenêtre dédiée à la création des nouveaux e-mails, vous pouvez constater que votre image a été ajoutée directement dans le corps du message. Vous pouvez alors utiliser les poignées de redimensionnement pour réduire ou agrandir la taille de l'image avec votre souris.

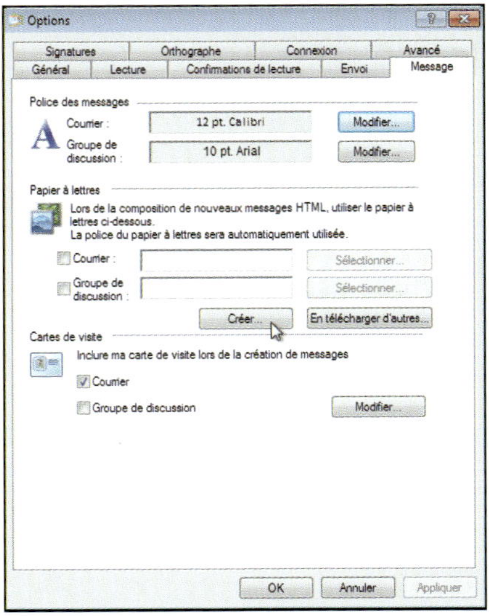

9 Vous pouvez ajouter également un trait de séparation entre les différents paragraphes de votre page, ou entre les fichiers graphiques et le texte. Il suffit de placer le curseur à l'emplacement souhaité et de sélectionner la commande *ligne horizontale* du menu **Insertion**.

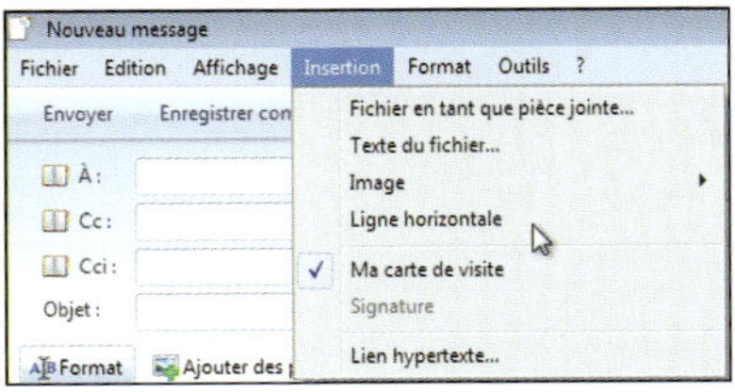

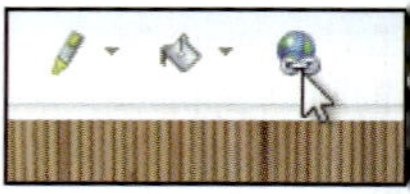

10 Enfin, pour insérer un lien hypertexte dans votre texte, c'est-à-dire un pointeur qui permettra lorsqu'on cliquera dessus de se connecter sur un site web, par exemple pour afficher une autre page, commencez d'abord par sélectionner le texte qui servira à créer le lien. Ensuite, cliquez sur le bouton **Insérer un lien** disponible dans la barre d'outils.

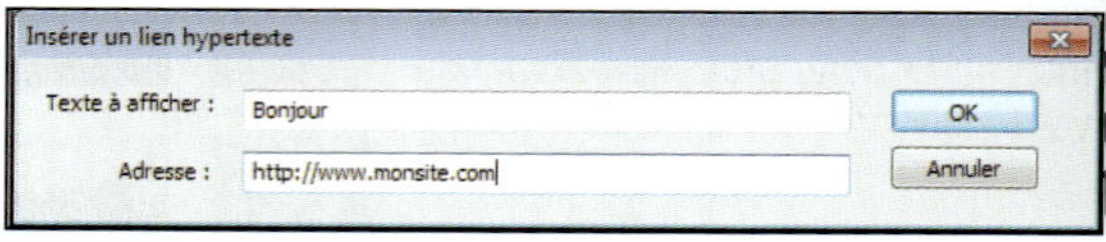

11 Une nouvelle boîte de dialogue apparaît. Inscrivez l'adresse du site web, ou de la page web, à afficher sous le champ intitulé *Adresse*. Validez par OK.

12 Une fois la composition de la page terminée, il ne vous reste plus qu'à l'envoyer en cliquant sur le bouton **Envoyer**. En fonction du nombre d'images que vous aurez intégrées et du débit de votre connexion, votre message prendra un temps plus ou moins long à être transféré.

Chapitre 5

LE COIN *des passionnés*

SÉCURISER LES CONNEXIONS

Pour protéger vos données lorsque vous vous connectez à Internet, Windows et Internet Explorer proposent de nombreux outils à adopter d'urgence. De cette façon, vos sessions de surf se dérouleront sans aucun souci.

ÉLIMINER LA PUBLICITÉ

Depuis l'ouverture d'Internet au grand public au début des années 1990, la publicité a fait petit à petit son apparition pour, rapidement avec le temps, devenir omniprésente ou presque. Ainsi, en se connectant avec n'importe quel navigateur sur un site, il n'est pas rare de voir surgir une ou plusieurs fenêtres de petites tailles contenant des messages publicitaires aussi divers que variés.

Si vous n'êtes pas particulièrement friand de ce genre d'informations, Microsoft vous propose son module intégré de blocage des fenêtres pop-up que vous pouvez paramétrer selon trois niveaux. En effet, vous avez la possibilité d'indiquer les sites dont vous autorisez l'affichage de ce type de fenêtres, ceux dont vous l'interdisez et enfin ceux dont vous permettez temporairement l'affichage des publicités. Ce qui peut s'avérer utile si la configuration par défaut de ce nouvel outil ne vous convient pas.

1 Démarrez Internet Explorer.

2 Inscrivez l'adresse d'un site qui affiche des publicités dans des fenêtres pop-up et connectez-vous sur ce site.

3 Comme prévu, aucune publicité ne vient s'afficher et une barre d'information apparaît immédiatement sous la barre d'adresse d'Internet Explorer.

4 Cliquez sur cette barre pour modifier certaines options du module de blocage des pop-up. Un menu s'affiche avec plusieurs commandes proposées :

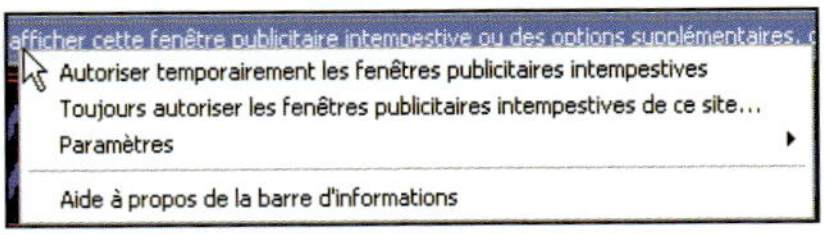

- *Autoriser temporairement les fenêtres publicitaires intempestives* : sélectionnez cette commande pour afficher la fenêtre pop-up qui vient d'être bloquée.
- *Toujours autoriser les fenêtres publicitaires intempestives de ce site* : sélectionnez cette commande pour afficher la fenêtre pop-up qui vient d'être bloquée et toutes les autres que propose le site sur lequel vous êtes actuellement connecté. Lors

d'une prochaine connexion, la barre d'information ne s'affichera pas et les fenêtres pop-up apparaîtront directement.

- *Paramètres* : sélectionnez cette commande pour afficher un menu déroulant avec trois nouvelles commandes. Vous pouvez effectivement désactiver complètement le module qui permet de ne pas afficher les publicités (*Désactiver le bloqueur de fenêtres publicitaires intempestives*) ou au contraire l'activer (*Afficher la barre d'informations des fenêtres publicitaires intempestives*). Notez que la commande *Paramètres supplémentaires* permet d'afficher une boîte de dialogue qui sera présentée plus loin.
- *Aide à propos de la barre d'informations* : affiche une nouvelle fenêtre contenant une aide spécifique à propos du bloqueur de fenêtres publicitaires. Notez qu'il n'est pas nécessaire d'être connecté à Internet pour consulter cette aide.

Si vous souhaitez à présent configurer plus finement cette barre d'informations, vous pouvez sélectionner la commande *Paramètres/ Paramètres supplémentaires*. Cela dit, la barre d'informations permettant d'afficher cette commande n'est pas présente en permanence. Voici alors une autre technique pour accéder aux paramètres du bloqueur de fenêtres publicitaires intempestives.

1. Démarrez Internet Explorer.

2. Sélectionnez la commande *Bloqueur de fenêtre publicitaire intempestive/Paramètres du bloqueur de fenêtres publicitaires intempestives* du menu **Outils**.

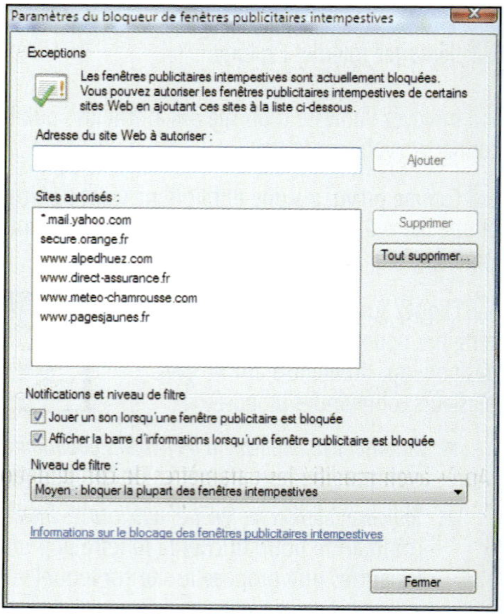

3. Dans la boîte de dialogue qui s'affiche, vous pouvez indiquer les adresses des sites dont vous souhaitez autoriser l'affichage des fenêtres pop-up. Il suffit de les inscrire dans la zone de texte intitulée *Adresse du site Web à autoriser* et de cliquer sur le bouton **Ajouter** pour intégrer le site dans la liste conçue à cet effet.

Ne pas passer à côté de l'essentiel…

Parfois, les sites affichent des informations importantes dans des fenêtres pop-up. Et Internet Explorer peut rencontrer certaines difficultés à les identifier. Il bloquera donc, dans certains cas, l'affichage d'informations importantes ou empêchera l'exécution de certaines fonctionnalités. C'est pourquoi, il conviendra d'indiquer manuellement les sites qui contiennent de telles fenêtres pour ne pas passer à côté de leurs informations ou fonctions.

4 Pour supprimer un site de la liste *Sites autorisés*, sélectionnez-le et cliquez sur le bouton **Supprimer**. Notez que vous pouvez effacer tout le contenu de la liste d'un seul clic de souris avec le bouton **Tout supprimer**.

5 Vous pouvez modifier le fonctionnement du bloqueur de fenêtre publicitaire intempestive en cochant, ou en désélectionnant, les options proposées sous la section *Notifications et niveau de filtre* :

- *Jouer un son lorsqu'une fenêtre publicitaire est bloquée* : émet un bip sonore dès que le module bloque l'affichage d'une fenêtre pop-up. Option active par défaut.
- *Afficher la barre d'informations lorsqu'une fenêtre publicitaire est bloquée* : insertion automatique de la barre d'informations sous la barre d'adresse d'Internet Explorer lorsqu'une fenêtre pop-up est bloquée. Cette option est activée par défaut.
- *Niveau de filtre* : sélectionnez une des trois options proposées dans la liste déroulante correspondante pour régler l'agressivité du filtre des fenêtres publicitaires. Par défaut, le niveau *Moyen* est activé mais vous pouvez sélectionner l'option *Élevé* pour bloquer toutes les fenêtres pop-up sans aucune distinction ou l'option *Bas* pour permettre l'affichage d'un plus grand nombre de fenêtres pop-up.

6 Pour obtenir une aide supplémentaire à propos du bloqueur de fenêtre publicitaire intempestive, cliquez sur le lien *Informations sur le blocage des fenêtres publicitaires intempestives*.

7 Une nouvelle fenêtre s'affichera et vous pourrez ainsi consulter l'aide de Windows à propos de son module conçu pour limiter l'affichage des fenêtres publicitaires.

Après avoir modifié les paramètres de configuration du bloqueur de fenêtre publicitaire intempestive, cliquez sur le bouton **Fermer** pour revenir dans la fenêtre principale d'Internet Explorer.

SÉCURISER SES CONNEXIONS SUR LE WEB

Le mode InPrivate d'Internet Explorer permet de ne plus stocker les données relatives à votre session de navigation. Ainsi, les cookies, les fichiers Internet temporaires, l'historique et plusieurs autres données ne sont plus sauvegardés sur votre machine.

Notez également que le blocage InPrivate permet d'empêcher les sites web sur lesquels vous vous connectez de partager automatiquement avec d'autres sites des informations détaillées sur votre visite. Dès lors, si vous souhaitez protéger la confidentialité de vos données personnelles, vous pouvez activer la navigation InPrivate.

1 Démarrez Internet Explorer.

2 Sélectionnez la commande *Navigation InPrivate* du menu **Outils**.

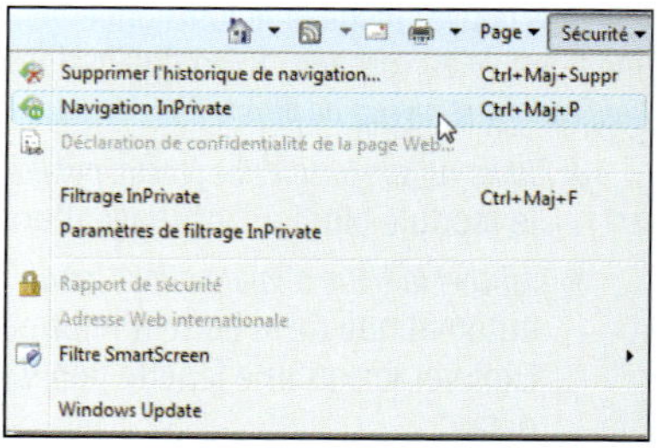

3 Une nouvelle fenêtre du navigateur s'affiche. Vous pouvez désormais l'utiliser pour naviguer en mode InPrivate sur Internet. Lorsque vous souhaiterez désactiver le mode InPrivate, il suffira de refermer cette fenêtre.

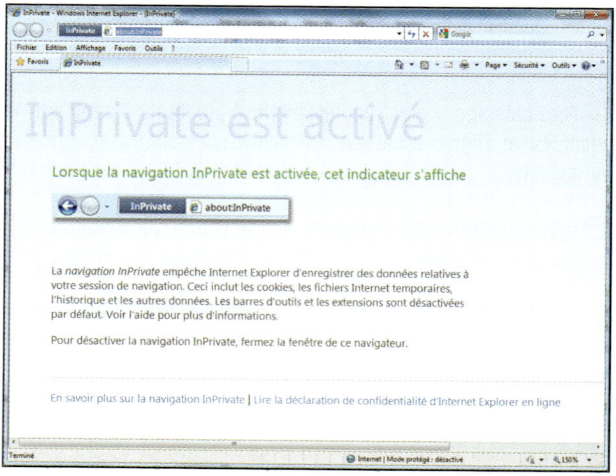

Sécuriser ses téléchargements

Les téléchargements sont très contrôlés avec Windows. Par défaut, les composants logiciels intégrés dans les pages web (applet Java, contrôle ActiveX, etc.) ne sont plus transférés automatiquement. Le navigateur, via la barre d'informations que vous avez découvert précédemment, vous demandera l'autorisation de transférer et d'afficher un tel contenu.

Préservez votre configuration

Il n'est pas rare que certains sites tentent de modifier la configuration d'origine de votre navigateur sans vous en demander l'autorisation. Par exemple, en inscrivant leur adresse dans la page de démarrage. Désormais, cela n'est plus possible.

Dans le même esprit, lorsque vous cliquez dorénavant sur un lien qui propose un fichier en téléchargement, vous obtenez une boîte de dialogue qui affiche des informations essentielles.

1 Démarrez Internet Explorer.

2 Inscrivez l'adresse d'un site qui propose des fichiers à télécharger et connectez-vous sur ce site.

3 Cliquez sur un lien conçu pour télécharger immédiatement un fichier.

4 Immédiatement, une boîte de dialogue s'affiche et vous propose de nombreuses informations fort utiles pour en savoir plus sur la nature du fichier que vous allez transférer.

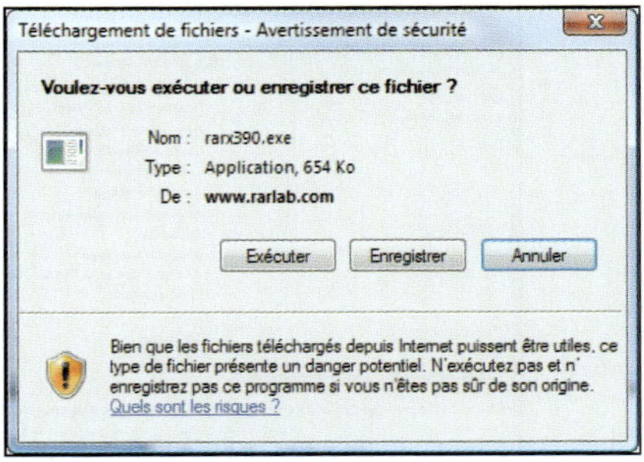

- *Nom* : le nom exact du fichier à télécharger.
- *Type* : le type du fichier (une archive compressée, une application, etc.) suivi de sa taille.
- *Source* : l'adresse du site où est stocké le fichier à transférer.

5 Vous disposez également de trois boutons pour exécuter trois actions bien différentes :

- **Exécuter** : démarre directement l'application correspondant au fichier qui sera téléchargé.
- **Enregistrer** : permet de télécharger le fichier et de l'enregistrer sur votre disque. À la différence du bouton précédent, vous devrez exécuter vous-même le fichier transféré, au moment de votre choix.
- **Annuler** : abandonne l'action en cours, pour ne pas transférer le fichier que vous aviez sélectionné.

Si, malgré cet avertissement de sécurité, vous installez par erreur une fonction supplémentaire dans votre navigateur qui pose des problèmes, Microsoft a tout prévu. La parade s'appelle le Gestionnaire des modules complémentaires. Ce module permet de contrôler tous les programmes prévus pour fonctionner avec votre navigateur. Il affiche une liste de tous ses composants complémentaires avec, entre autres, une description sur leur provenance. Vous disposez en outre de commandes spécifiques pour désactiver leur exécution si cela s'avère nécessaire.

1 Démarrez Internet Explorer.

2 Sélectionnez la commande *Gérer les modules complémentaires* du menu **Outils**.

3 La boîte de dialogue **Gérer les modules complémentaires** s'affiche immédiatement.

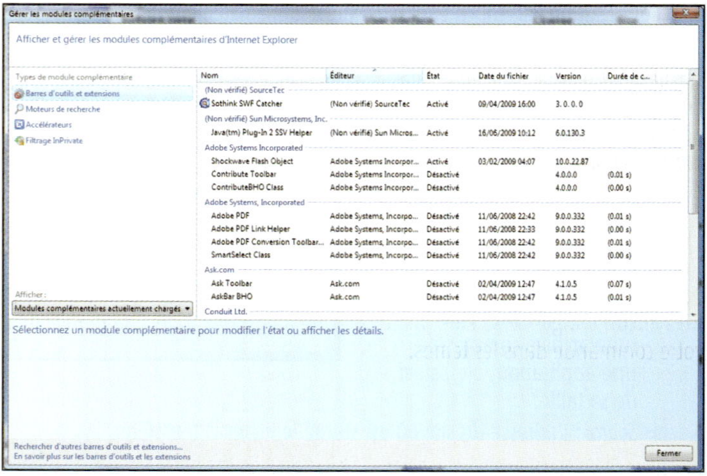

4 Sélectionnez une des deux options proposées dans la liste déroulante **Afficher** :

- *Modules complémentaires actuellement chargés dans Internet Explorer* : afficher les programmes installés dans Internet Explorer.
- *Modules complémentaires qui ont été utilisés par Internet Explorer* : afficher les programmes installés dans Internet Explorer et qui ont déjà été exécutés.

5 Vous disposez ensuite d'une liste des programmes complémentaires d'Internet Explorer qui affichera un certain nombre de modules en fonction de l'option précédemment sélectionnée. Notez que cette liste propose plusieurs informations pour en savoir plus sur ces modules.

- *Nom* : nom de l'application.
- *Éditeur* : nom de l'éditeur à l'origine de l'application. Si celui-ci n'est pas spécifié, il convient de se méfier même si cela ne signifie pas obligatoirement que le composant en question soit hostile pour votre environnement de travail.
- *Statut* : opérationnelle (activé) ou non (désactivé).
- *Type* : nature du programme (un contrôle ActiveX ou une applet Java, par exemple).
- *Fichier* : le nom exact du fichier correspondant à l'application.

6 Sélectionnez un des modules affichés dans la liste.

7 Sous la section *Paramètres*, vous disposez de deux options :

- *Activer* : rendre opérationnel un programme.
- *Désactiver* : empêcher l'exécution d'un programme.

Notez enfin que certains modules peuvent être supprimés. Il suffit de les sélectionner dans la liste et de cliquer sur le bouton **Supprimer** disponible dans la section intitulée *Supprimer ActiveX*.

▶ Sécuriser ses achats en ligne

Pour éviter toute mauvaise surprise, il existe des moyens d'acheter en toute quiétude, sans aucun danger de se faire pirater sa carte bancaire et avec l'assurance de recevoir votre commande dans les temps.

Repérer les services fiables

Le commerce électronique n'est rien de plus que de la vente à distance et, à ce titre, elle doit respecter un cadre juridique bien défini. Pour vous en assurer, connectez-vous sur www.finances.gouv.fr/cybercommerce, un site mis en place par le ministère de l'Économie, des Finances et de l'Industrie pour répondre à toutes vos questions dans ce domaine.

Concrètement, lorsque vous naviguez sur le site des commerçants, vous devez vous assurer de la présence de certains éléments, en particulier d'une page obligatoire intitulée «Les conditions générales de vente». Elle détermine vos moyens de recours lorsque la transaction ne se déroule pas comme prévu, et les obligations du marchand vis-à-vis de ses clients. En son absence, il n'y a pas d'hésitation possible : effectuez vos achats ailleurs !

Le paiement sécurisé

Lorsque vous envoyez une information sur Internet, elle peut être interceptée par un pirate. Certes, le risque s'avère plutôt rare, mais il existe. Dès lors, le numéro de votre carte bancaire ne doit pas être dévoilé et il convient d'utiliser uniquement des sites sécurisés pour le transmettre.

En fait, les paiements en ligne avec une carte bancaire doivent obligatoirement se faire à travers un formulaire sécurisé qui transmettra ensuite toutes vos coordonnées à un serveur bancaire dans un mode crypté, c'est-à-dire non lisible si les données sont interceptées par un tiers.

Concrètement, cette procédure, qui s'effectue de façon transparente, repose sur un protocole sécurisé : le SSL (*Secure Socket Layer*). Pour savoir si le formulaire d'inscription de vos données bancaires est sécurisé, il suffit de regarder le début de l'adresse de la page. Si elle commence par `https//`, et non par `http//` comme d'habitude, alors il n'y a pas de problème. En cas de doute, sélectionnez la commande *Propriétés* du menu **Fichier** pour vérifier si la page utilise bien un protocole sécurisé lors de la transmission de vos données. Si ce n'est pas le cas, passez votre chemin !

▸ Ne compter que sur soi

Si Windows vous permet de mieux sécuriser votre espace de travail, il ne vous protège cependant pas des virus. À vous alors de les reconnaître.

1 Pour éviter d'exécuter un virus, identifiez la nature de certains fichiers et sachez les reconnaître avec leur extension. Ainsi, l'extension des fichiers exécutables, *.exe*, *.com* ou *.bat*, constitue un véritable risque puisque ces fichiers peuvent exécuter n'importe quelle commande sur votre machine.

2 L'extension *.vbs*, quant à elle, est également capable du pire et du meilleur. Elle correspond à une macro développée en langage Visual Basic et, selon son origine, son exécution peut entraîner des effets dévastateurs sur les systèmes Windows.

3 Méfiez-vous également de certains documents a priori anodins, issues d'une suite bureautique, telle celle de Microsoft Office. De fait, les extensions en *.doc*, *.docx*, *.xlsx* ou *.xls* peuvent cacher de véritables virus, c'est-à-dire des macros hostiles (une suite de commandes développées en langage de script) qui infecteront tous les autres fichiers issus de la même application. Concrètement, un document Word vérolé contaminera tous les autres documents Word qu'il trouvera sur l'ordinateur.

Filtrer sa messagerie

Rien ne vous empêche de créer un filtre dans votre messagerie pour bloquer toutes les extensions de fichiers à risque.

Notez que, par défaut, les systèmes Windows n'affichent pas les extensions de fichiers. Voici alors la marche à suivre pour les rendre visibles.

1 Démarrez l'Explorateur Windows et sélectionnez la commande *Options des dossiers et de recherche* du menu **Organiser**.

2 Cliquez sur l'onglet **Affichage** et, dans la liste **Paramètres avancés**, désactivez l'option *Masquer les extensions des fichiers dont le type est connu*.

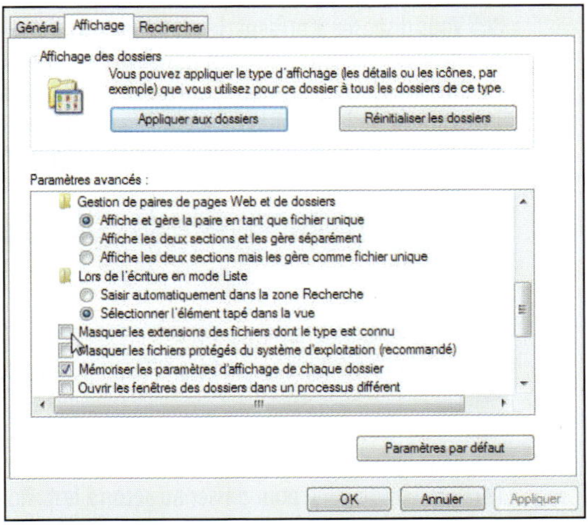

À présent, pour connaître sans aucune ambiguïté l'extension d'un fichier attaché à un message envoyé par e-mail, vous devez dans un premier temps l'enregistrer sur le disque dans un de vos répertoires. Ensuite, il faudra lire manuellement son intitulé à partir de l'Explorateur Windows en plaçant le pointeur de votre souris sur son nom, sans cliquer dessus (méfiez-vous de certains titres qui contiennent toute une série d'espaces pour masquer justement une extension à risque, de type *.vbs* par exemple).

▸ Vérifier ses protections

Avec les dernières versions de Windows, vous disposez d'un pare-feu plus robuste. Il convient cependant de le tester régulièrement pour vérifier votre protection en simulant des tentatives d'intrusion sur votre ordinateur.

Concrètement, la technique est simple, il suffit de se connecter sur le site Gibson Research Corporation qui permet de simuler des attaques et de générer immédiatement des rapports sur l'efficacité de votre pare-feu.

1 Connectez-vous sur le site de Gibson Research Corporation (http://grc.com/default.htm) et cliquez sur le lien *ShieldsUP!* disponible dans la section *Hot Spots* de la page d'accueil.

2 Dans la seconde page qui s'affiche, cliquez sur le premier bouton **Proceed**.

3 Vous disposez à présent de plusieurs tests à exécuter : *File Sharing* (partage des fichiers), *Common Ports* (test des ports les plus courants), *All Service Ports* (test de tous les ports), *Messenger Spam* (vérifie la configuration de la messagerie instantanée de Microsoft) et *Browser Headers* (contrôle les informations envoyées par votre navigateur). Cliquez sur le bouton **File Sharing**.

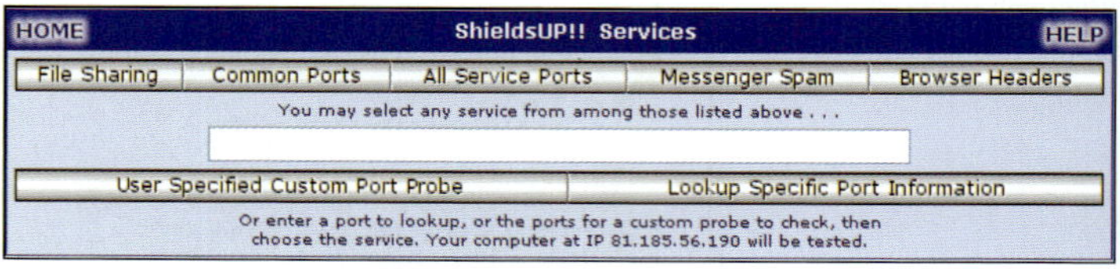

4 Vous obtenez un rapport de sécurité. Cliquez ensuite sur le bouton **Common Ports** en bas de page pour passer au second test. Notez que vous pouvez cliquer sur le bouton **All Service Ports** pour une procédure plus complète permettant de tester plus de 1 000 ports sur votre machine.

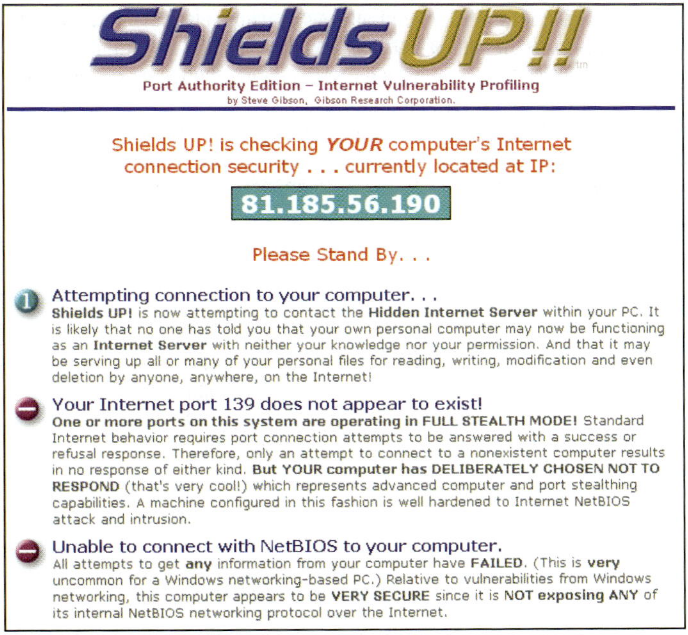

5 Dans le rapport qui s'affiche, les icônes vertes désignent les ports sécurisés, les icônes bleues correspondent à des ports fermés (mais visibles) et les icônes rouges signifient que les ports sont ouverts.

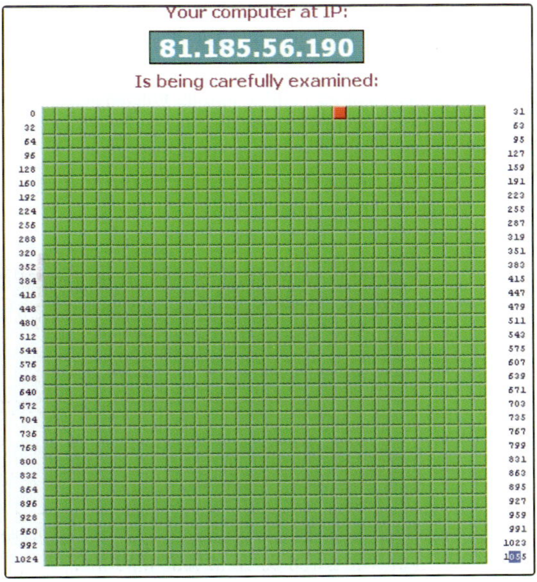

6 Cliquez sur le bouton **Messenger Spam** pour tester la messagerie instantanée de Microsoft. Dans la fenêtre qui s'affiche, cliquez sur le bouton **Spam Me with this Note**.

7 Si vous obtenez une boîte de dialogue, cela signifie que le Messenger de Windows peut envoyer du spam. Il faudra alors bloquer le port 135 (UDP) dans votre pare-feu.

8 Cliquez enfin sur le bouton **Browser Headers**. Vous obtiendrez ici un rapport reproduisant le contenu des en-têtes http envoyés par votre navigateur. Si les informations envoyées vous semblent trop indiscrètes, changez de navigateur !

▸ Identifier qui se connecte sur sa machine

Certains programmes hostiles ou certains virus peuvent créer des failles de sécurité sur votre système en ouvrant plus particulièrement des ports. Dans ces conditions, des utilisateurs mal intentionnés peuvent exploiter ces failles pour se connecter sur votre machine à travers Internet.

Dès lors, pour vérifier si personne (utilisateur ou service sur Internet) n'est connecté sur votre système lorsque vous établissez une session de communication en ligne, voici une méthode toute simple qui ne requiert aucun logiciel supplémentaire à installer.

1 Sélectionnez l'entrée **Tous les programmes\Accessoires\Invite de commandes** à partir du menu **Démarrer** de la barre des tâches de Windows.

2 Une fenêtre de type console s'affiche pour vous permettre de passer des commandes en mode texte.

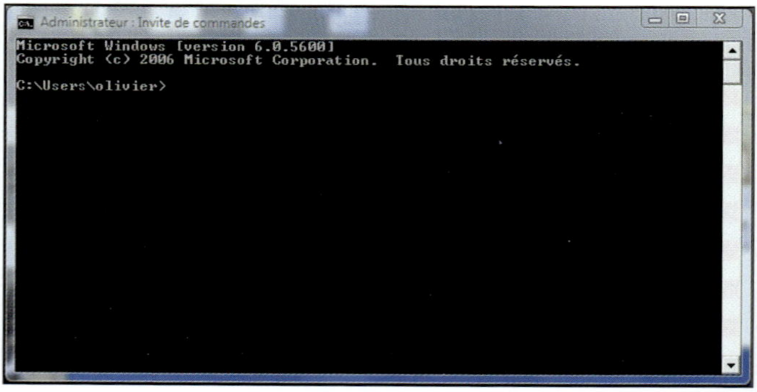

3 Saisissez la commande `netstat` et validez par la touche Entrée. Vous obtenez alors une liste de toutes les adresses IP connectées sur votre machine, ou celles sur lesquelles vous êtes connecté (l'adresse des sites Web sur lesquels vous transférez actuellement une page, par exemple).

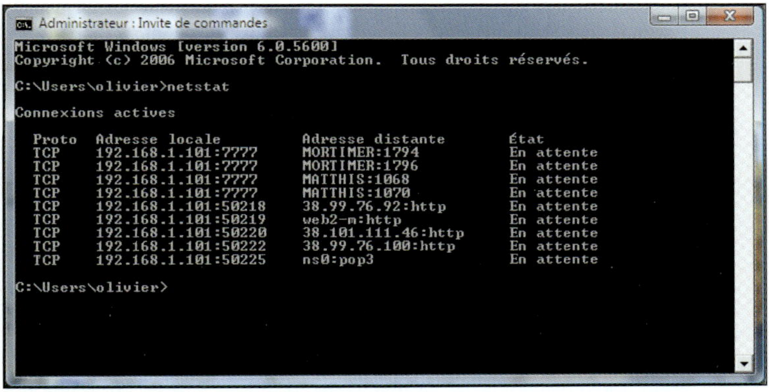

Aide

Pour connaître toutes les options qui accompagnent la commande `netstat`*, il suffit de saisir l'instruction suivante dans la fenêtre de l'invite de commandes :* `netstat ?`.

Si vous n'êtes pas un adepte des commandes en mode texte, il existe un utilitaire capable de vous afficher automatiquement ce type d'informations, dans un environnement graphique. Nous pensons plus particulièrement à Spyster que vous pouvez télécharger gratuitement à l'adresse www.bocsoft.com/spyster/default.asp?page=cs_link.

La procédure d'installation ne pose aucune difficulté, il suffit de suivre les instructions qui s'affichent à l'écran. Au terme de la procédure, démarrez le programme en sélectionnant son intitulé à partir du groupe de programmes qui vient de se créer. Vous obtiendrez immédiatement la liste des adresses IP des machines connectées sur votre PC.

ACHETER EN TOUTE SÉCURITÉ SUR INTERNET

À première vue, les achats en ligne n'ont que des avantages. Bien installé au fond de votre fauteuil, vous naviguez avec Internet Explorer sur le Web sans vous soucier des grandes marées humaines qui se bousculent dans les rayons des magasins. Au pire, vous rencontrerez parfois des ralentissements sur certains sites particulièrement sollicités, mais cela n'ira pas plus loin question confort.

De plus, le Web vous offre un champ de recherche gigantesque qui s'applique à la totalité d'un pays et peut s'élargir, en toute simplicité, au monde entier. Inutile de sortir de chez soi, tout est accessible d'un simple clic de souris.

Cerise sur le gâteau : vous disposez d'outils spécialisés pour rechercher les meilleurs prix et ne pas louper les bonnes affaires. Bref, que du bonheur, à condition toutefois de savoir utiliser ce type d'outils et choisir les services les mieux sécurisés...

Enfin, toujours pour éviter les mauvaises su rprises, il existe des signes qui ne trompent pas pour identifier une boutique sérieuse et celle qui ne l'est pas. Le commerce en ligne n'exige cependant pas de programme spécifique ou de composant supplémentaire pour Internet Explorer. Il demande simplement un minimum d'attention et quelques précautions à prendre pour ne pas être déçu lorsque vous naviguez sur des boutiques en ligne.

▶ Opter pour des transactions sécurisées

Lorsque vous achetez un produit sur Internet, vous disposez de plusieurs moyens de paiement : envoyer un chèque, payer à la réception du colis ou en ligne avec Internet Explorer et votre carte bancaire. Dans ce dernier cas qui reste le plus fréquent, certaines règles doivent être respectées.

Lorsque vous transmettez des données sur Internet, ces dernières transitent par plusieurs machines avant d'atteindre leur destination finale. Or, sur chaque machine, un risque d'interception existe, volontaire (piratage) ou involontaire (panne d'un serveur). Résultat : un pirate ou un administrateur réseau peut lire le contenu de votre transaction et donc connaître vos références bancaires.

La seule façon de se prémunir contre ce genre de mésaventure consiste à crypter les données avant de les envoyer à travers Internet. Cela permet de les rendre illisibles si elles sont interceptées pendant leur transport. Cette précaution est indispensable dans le cas de transactions commerciales, lorsque vous envoyez des données critiques telles que le numéro d'une carte bancaire.

Concrètement, il est inutile d'adopter un logiciel spécialisé pour crypter vos données. Dans le cadre d'un achat en ligne avec une carte bancaire, Internet Explorer se charge de cette opération de façon automatique. Il intègre effectivement un module de cryptage et vos transactions sont ainsi parfaitement sûres, à condition toutefois que les informations soient envoyées à partir d'un formulaire de commande sécurisé (c'est-à-dire la page où vous inscrivez les informations relatives à votre carte bancaire).

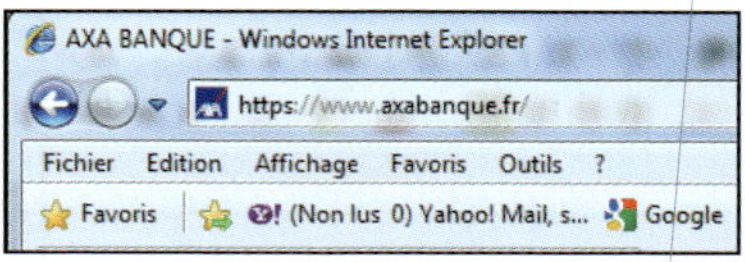

Pour le savoir, il existe plusieurs méthodes. Dans un premier temps, lisez l'adresse du site web qui se trouve dans la fenêtre de votre navigateur. Celle-ci doit commencer par `https://` et non `http://` comme avec une page standard, non sécurisée.

De plus, pour connaître le niveau de protection de la transmission, sous Internet Explorer, il existe une technique toute simple.

1 Sélectionnez la commande *Propriétés* du menu **Fichier**.

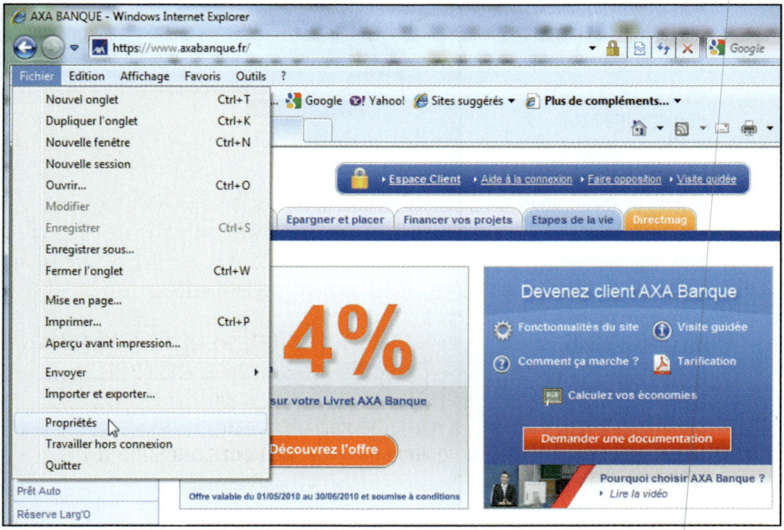

2 Dans la fenêtre qui s'affiche, cliquez sur le bouton **Certificats**.

3 Dans la boîte de dialogue qui apparaît, vous pouvez accéder à toutes les informations nécessaires pour vous rassurer avant d'envoyer à travers Internet des informations confidentielles comme celles de type bancaire par exemple.

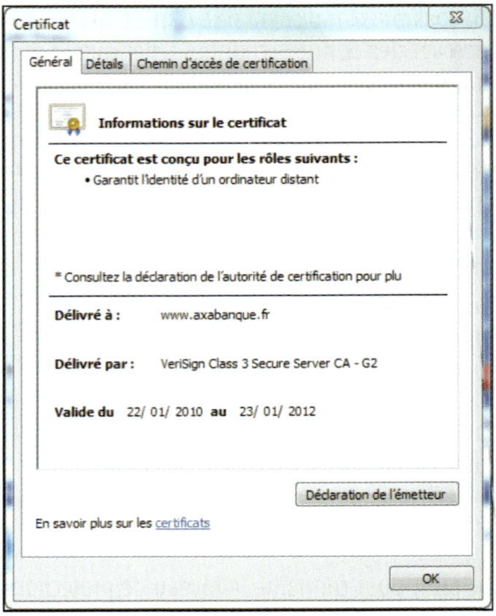

4 Vous disposez de trois onglets qui vous donneront de plus amples détails sur le type de protection implémentée sur le site. Les onglets **Général** et **Chemin d'accès de certification** vous indiqueront, entre autres, si le certificat est valide (signature numérique du commerçant), tandis que celui intitulé **Détails** proposera des informations plus techniques, à savoir le type d'algorithme utilisé pour crypter les données, par exemple.

Le coin des passionnés

Si vous prenez la peine de vérifier que le formulaire de saisie, dans lequel vous inscrivez votre numéro de carte bancaire, est bien sécurisé de cette façon, vous verrez qu'il n'y a aucun risque pour que vos références de paiement soient interceptées par un utilisateur malintentionné.

Idée reçue...

La grande majorité des numéros de cartes détournées pour des achats en ligne provient d'autres sources qu'Internet. Il est effectivement plus facile de ramasser un ticket de carte bancaire dans la rue ou dans un commerce que de l'intercepter sur un réseau informatique.

Connaître ses droits

La vente de produits sur Internet, en France, s'apparente à de la vente par correspondance (VPC). Dans ces conditions, vous disposez de tout un arsenal législatif pour vous protéger en cas de mauvaise surprise, et plus particulièrement d'un code de la consommation qui ne laisse rien au hasard.

En fait, il existe de nombreux sites qui apporteront toutes les réponses à vos questions à ce sujet. Citons en particulier l'association Droit pour Tous (http://sos-net.eu.org/), qui a mis en place une gigantesque base de données juridiques grand public. Un guide pratique très efficace, sans jargon mystérieux ni pirouette d'avocat, pour vous assister en toute situation.

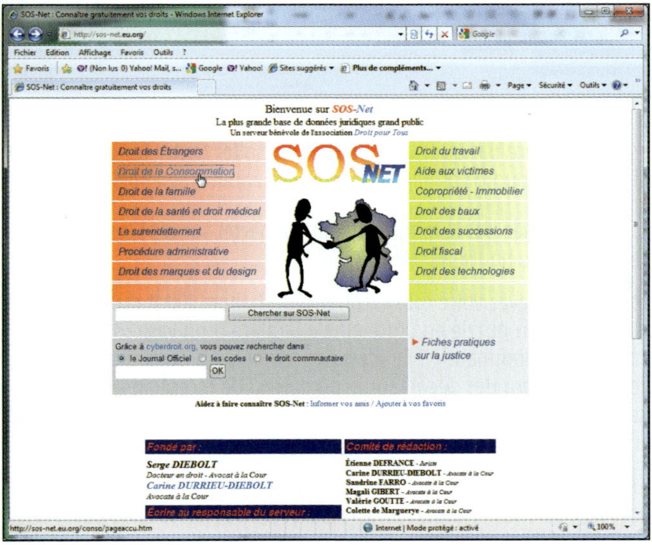

Pour le commerce en ligne, consultez en priorité la section *Droit de la consommation* (http://sos-net.eu.org/conso/pageaccu.htm). Vous trouverez sur ces pages des textes de référence, des fiches pratiques, des articles commentés, des cas de jurisprudence et des liens fort utiles.

Autre site incontournable, celui du ministère de l'Économie, de l'Industrie et de l'Emploi qui a mis en place une section dédiée à la protection des consommateurs sur www.dgccrf.bercy.gouv.fr/documentation/dossier_litiges/index.htm.

À travers une interface basique, vous pourrez consulter toutes les informations nécessaires pour résoudre vos litiges de consommation. L'essentiel y est.

Cela dit, si vous n'avez pas le temps de vous connecter sur ces sites, voici quelques conseils de bon sens.

- Lorsque vous recevez votre colis, vérifiez tout d'abord l'état du contenu. Vous avez reçu un puzzle en porcelaine à la place d'un vase ? Il manque des articles à la commande ? Ce n'est pas ce que vous aviez demandé ? Indiquez l'ampleur des dégâts sur le bordereau de réception avant de laisser repartir le livreur. Et contactez immédiatement le site marchand pour l'avertir.
- Les délais de livraison ne sont pas respectés ? L'article n'est plus disponible ? Là encore, contactez le commerçant. Selon le code de

la consommation (appliqué à la VPC), vous disposez d'un délai de sept jours ouvrables, à partir de la date de livraison, pour annuler votre commande.

- Plus délicat, les problèmes de paiement avec une carte bancaire. Si vous constatez un débit injustifié sur l'un de vos relevés de compte, avertissez immédiatement votre banquier. Si vous n'avez signé aucun bon, et si vous n'avez pas communiqué votre code secret, rien ne prouve que vous soyez l'auteur de la transaction. Dans ces conditions, la banque doit vous rembourser les achats correspondants.

Procédure de remboursement

Lorsqu'un montant injustifié, et relatif à une commande effectuée sur Internet, apparaît sur votre relevé bancaire, votre banquier débitera le montant de cette commande à partir du compte du site marchand. Bref, celui qui prend le plus de risques lors d'une transaction sur Internet, ce n'est pas le client, c'est le marchand...

Créer un e-mail pour vos achats

Acheter sur Internet relève parfois du parcours du combattant. Et si vous devenez adepte de ce genre de sport (inscription à des programmes de fidélisation, téléchargement de bons de réduction, moteurs de recherche spécialisés, etc.), il va falloir alors vous équiper en conséquence. Ce n'est pas bien compliqué, il suffit juste de vous créer une nouvelle adresse de courrier électronique, entièrement dédiée à vos escapades dans l'univers du e-commerce, que vous inscrirez dans tous les formulaires proposés par les plates-formes commerciales rencontrées sur votre chemin.

Cette technique permettra de limiter le nombre de publicités que vous recevrez par courrier électronique sur le compte que vous utilisez tous les jours pour correspondre avec vos amis ou vos collaborateurs. Car le problème, lorsque vous achetez un produit en ligne, réside dans les formulaires de demande de renseignements que vous devez remplir. Ces derniers permettent de connaître votre adresse pour effectuer la livraison des produits commandés, mais ils permettent également de constituer des fichiers clients pour réaliser ensuite des mailings publicitaires massifs.

Dès lors, il existe plusieurs services web pour créer gratuitement une adresse e-mail que vous indiquerez uniquement dans les formulaires proposés par les boutiques en ligne. En voici une petite sélection :

- Yahoo! France : http://fr.mail.yahoo.com/
- Windows Live Hotmail : www.hotmail.fr
- Mail jetable : www.jetable.org

Repérer les bonnes adresses

Lorsque vous naviguez sur le site des commerçants, vous devez vous assurer de la présence de certains éléments. En particulier d'une page intitulée *Les conditions générales de vente*. Celle-ci est obligatoire et elle détermine vos moyens de recours lorsque la transaction ne se déroule pas comme prévu ainsi que les obligations du marchand vis-à-vis de ses clients. En son absence, il n'y a pas d'hésitation possible : vous devez changer de crémerie et effectuer vos achats ailleurs !

Achat à l'étranger

Lorsque vous achetez des articles sur un site étranger, vous n'êtes plus couvert par le droit français. Vous le faites alors à vos risques et périls.

Il existe également des labels qui garantissent la qualité du service offert par une boutique en ligne. Nous pensons plus particulièrement à FIA-NET dont le logo apparaît sur certaines pages d'accueil.

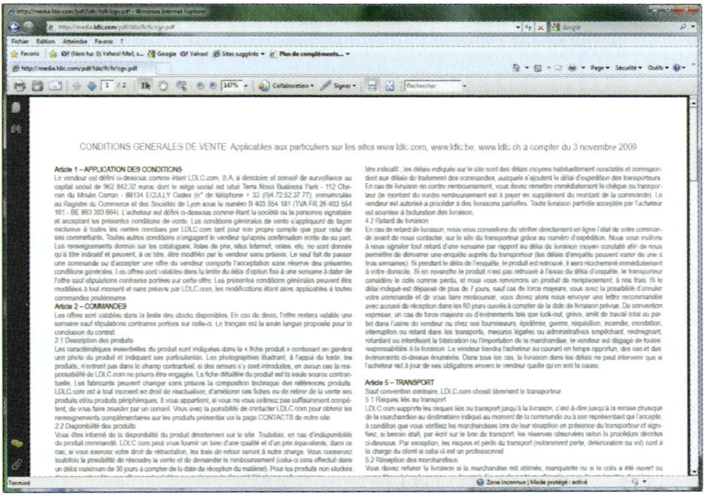
CONDITIONS GENERALES DE VENTE Applicables aux particuliers sur les sites www.ldlc.com, www.ldlc.be, www.ldlc.ch à compter du 3 novembre 2009
Article 1 – APPLICATION DES CONDITIONS
Article 2 – COMMANDES
Article 5 – TRANSPORT

FIA-NET.com, La sérénité de l'achat - Windows Internet Explorer
http://www.fia-net.com/
Fichier Edition Affichage Favoris Outils ?
FIA-NET.com
LA SÉRÉNITÉ DE L'ACHAT
> Espace marchand
> Accédez à votre espace membre
Trouver un site marchand
Par ordre alphabétique
Par catégorie
Par point fort
> Chercher
L'ANNUAIRE DES SITES ÉVALUÉS
Vérifiez avant d'acheter : accédez à toutes les notes données par les clients des sites affichant le logo FIA-NET
Recevez et vérifiez vos commandes AVANT de les payer
1 015 sites référencés
783 sites évalués dont 174 sites Premium
139 sites en cours de notation
93 sites ne présentant pas ou plus nos questionnaires
5 369 706 avis de consommateurs avant la livraison
2 215 415 avis de consommateurs après la réception des produits
7 327 litiges depuis un an concernant 386 sites
5 292 litiges résolus
Alimentation & gastronomie
Auto & moto
Culture & divertissements
Maison & jardin
Electroménager
Fleurs & cadeaux
Informatique & logiciels
Santé & beauté
Services aux particuliers
Services aux professionnels
Sport
Vêtements & accessoires
Voyage & tourisme
Hifi, photo & vidéos
Téléphonie & communication
Le Sceau FIA-NET, c'est :
L'accès aux notes données par les clients des sites FIA-NET : choisissez votre site en fonction du témoignage des internautes.
> En savoir plus
En cas de problème, la mise à disposition de notre plateforme amiable de gestion et de suivi des litiges.
Vous avez eu un problème avec un marchand FIA-NET :
> Déclarez-le
Les sites les mieux notés Voir le top 3 des sites pour : Dans tout l'annuaire FIA-NET
Ils sont dans l'annuaire : notés ou en cours de notation
la ponctualité de livraison
100% des clients
les intentions de réachat
100% des clients
le taux de résolution des litiges
100% des litiges
Catégorie : Alimentation & gastronomie
Catégorie : Sport
Catégorie : Culture & divertissements
allobebe.fr
Marionnaud
Internet | Mode protégé : activé

Plus de mille sites ont déjà souscrit cette assurance qui vous couvre gratuitement contre les détournements bancaires, sans aucune franchise. Pour en savoir plus, consultez www.fianet.fr.

Autre garantie, qui se révèle encore plus efficace, celle du label de la FEVAD (*Fédération des entreprises de vente à distance* : www.fevad.com), et qui correspond à une charte de qualité rigoureuse. Là encore, pour en savoir plus, il suffit de se connecter sur le site de cet organisme.

▶ Bien choisir sa boutique

Il existe plusieurs critères pour ne pas se tromper d'adresse et acheter vos produits en toute sécurité sur des boutiques sérieuses. Voici les principaux points à prendre en compte :

Un catalogue copieux

Pour trouver le produit qui vous convient réellement, il faut du choix. Optez alors pour les sites qui en proposent le plus, du bas de gamme au très haut de gamme. Les catalogues doivent être bien remplis, et chaque produit doit bénéficier d'une description complète et d'un ou plusieurs visuels. Méfiez-vous des commentaires manquants ou des mises à jour absentes, cela signifie bien souvent que la gestion du stock de la boutique ne vaut guère mieux...

Des conseils avisés

Un catalogue, c'est bien, un vendeur, c'est mieux. Certaines boutiques ne l'ont pas oublié et proposent des guides d'achat, des fiches de description techniques pour chacun de leurs produits, leurs conditions générales de vente et un numéro d'appel pour joindre un conseiller. Notez que certains marchands ont mis en place un dispositif qui vous permet de dialoguer directement avec le vendeur sur le site (*chat*), ou de laisser vos coordonnées téléphoniques pour qu'on vous rappelle immédiatement.

Des paiements sécurisés

Après avoir choisi le ou les produits à acheter, vous devez passer à la caisse. Tous les sites sérieux proposent, comme il se doit, un dispositif de paiement sécurisé. Lorsque vous inscrivez votre numéro de carte de paiement dans un formulaire de commande et que vous le validez, les informations sont envoyées au serveur de la banque sous une forme cryptée et illisible. C'est la protection minimale et elle s'avère efficace.

Comme cela a été signalé précédemment, il est également essentiel, pour toute boutique en ligne, de publier les conditions générales de vente sur son site et les mentions légales. Elles doivent, entre autres, expliquer sans ambiguïté les règles du SAV et la nature de l'entreprise.

Lecture obligatoire

Envoyer de l'argent à un organisme en échange d'une marchandise équivaut à signer un contrat. Et ce contrat, vous le trouverez dans la rubrique Les conditions générales de vente *de la boutique en ligne. Il est bien entendu indispensable de le lire. Si cette rubrique n'existe pas, ou si les conditions sont floues, méfiance !*

Toutefois, de plus en plus de boutiques ont souscrit une assurance spécifique pour vous proposer gratuitement une garantie supplémentaire (assurance FIA-NET ou un intermédiaire de type Paypal par exemple). De cette façon, toutes vos transactions sont assurées, vous disposerez d'une assistance juridique rapide et gratuite en cas de pépin.

Frais de port sans surprise

Certains sites offrent les frais de port à partir d'un certain montant d'achats, et ce critère ne doit pas être négligé lorsque vous effectuez vos emplettes sur le Net. D'autres sites pratiquent des tarifs dégressifs selon le montant de votre commande ou sa nature. Dans tous les cas, tous les prix doivent être clairement affichés, avec les frais de port correspondants pour éviter les mauvaises surprises.

Délai de livraison annoncé

Il est toujours désagréable d'attendre de longues semaines une marchandise sans savoir où elle se trouve. Pour cette raison, la plupart des boutiques en ligne proposent un système de suivi de votre colis en ligne (Colissimo suivi, livraison en 48 h maximum pour la France, par exemple). Selon l'endroit où vous habitez, vous pourrez même bénéficier avec certains commerçants d'une livraison dans la journée par coursier.

Dans tous les cas, si le produit n'est pas en stock, vous devez avoir la possibilité d'annuler immédiatement votre commande sans frais.

Protection de la vie privée

Conformément à la Loi informatique et libertés du 6 janvier 1978, vous disposez d'un droit d'accès et de rectification des données personnelles. Vous devez également être assuré qu'elles ne seront pas communiquées à d'autres sociétés sans votre autorisation. Notez toutefois que, dans ce domaine, les entreprises qui ont adhéré à la FEVAD offrent une garantie supplémentaire.

▶ En piste !

Maintenant que vous connaissez toutes les ficelles pour effectuer vos achats sans risque sur Internet, il ne reste plus qu'à concrétiser. Sortez alors votre carte bancaire, allumez votre ordinateur et connectez-vous à Internet.

L'acte d'achat, sur le Web, se fait sans surprise. Vous consultez un catalogue, et dès qu'un produit vous intéresse, vous le sélectionnez en cochant l'option correspondante. De cette façon, le serveur conserve en mémoire votre article pendant toute la session de navigation sur son site.

Après avoir choisi vos articles, direction le formulaire de commande. Vous retrouverez sur une page spécifique tout le détail de votre commande et vous obtiendrez immédiatement le prix total de votre achat (TTC et HT), auquel le coût d'expédition vient se greffer. Si les conditions de vente et délais de livraison vous conviennent, vous devrez alors indiquer votre nom, votre e-mail (pour la confirmation de la commande et son suivi), vos adresses (de facturation et de livraison si elles sont différentes) et le moyen de paiement : chèque, carte bancaire, à réception de la commande, etc.

Voyons, en pratique, comment tout cela se déroule :

1 Commencez par vous connecter sur le site d'un comparateur de prix, *Monsieur Prix* par exemple : www.monsieurprix.com.

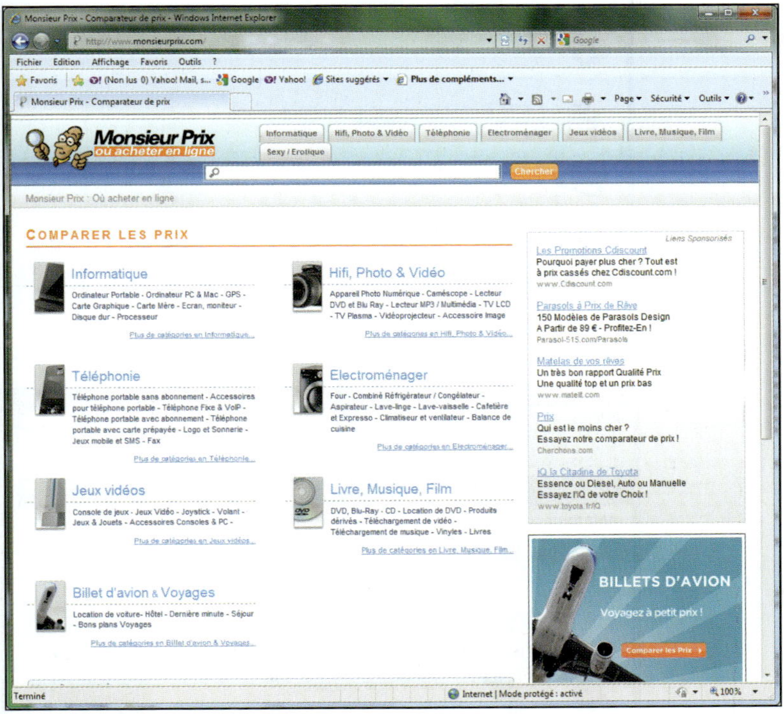

2 Inscrivez dans la zone de texte conçue à cet effet le nom du produit que vous recherchez ou, si possible, la référence exacte du modèle. Validez par OK.

3 Vous obtenez une liste de magasins qui vendent le produit que vous recherchez. Cliquez, dans la colonne de droite, sur le bouton **Go** associé au magasin qui vous intéresse pour acheter directement le produit en ligne.

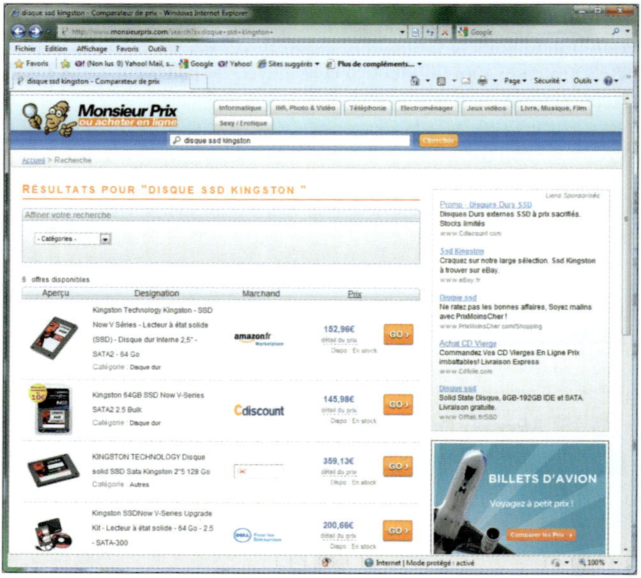

4 La connexion sur la boutique en ligne est immédiate et la fiche du produit s'affiche. Cliquez sur le bouton **Ajouter au panier** pour remplir votre caddie virtuel.

5 Cliquez ensuite sur le lien *Valider votre commande* ou équivalent pour passer sans plus attendre à la caisse.

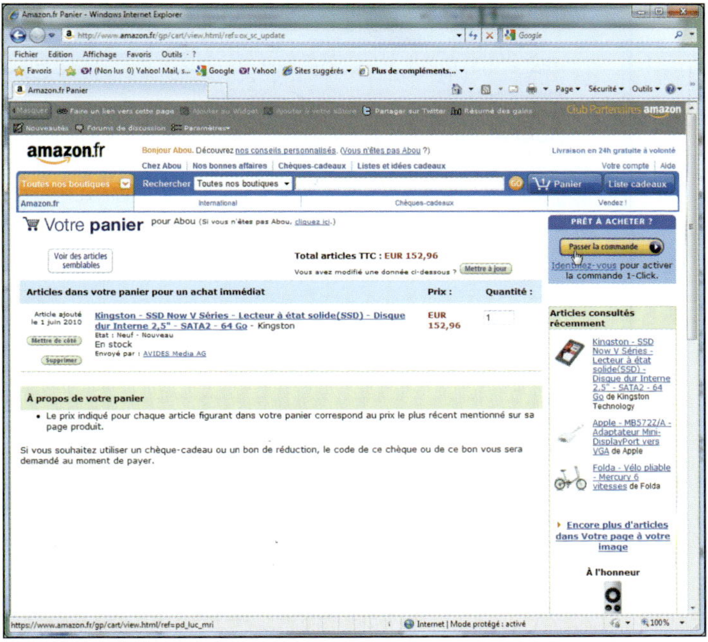

Identification nécessaire

Avant de pouvoir valider votre commande, le site vous demandera probablement de créer un compte. De cette façon, vous pourrez indiquer vos nom et adresse, ce qui est indispensable pour la livraison.

6 La nouvelle page qui s'affiche proposera généralement plusieurs moyens de paiement possibles. Pour une livraison rapide, sélectionnez de préférence un paiement par carte bancaire et cliquez sur l'icône qui correspond à votre carte (Visa, MasterCard, etc.) ou sélectionnez-la dans une liste déroulante.

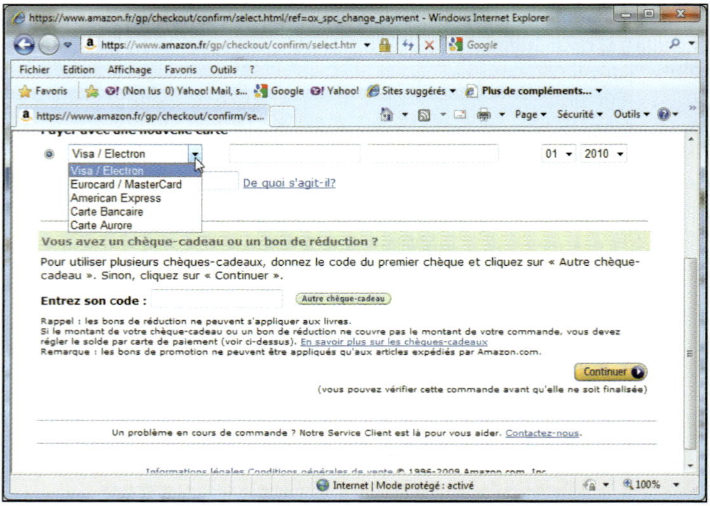

7 À ce stade, vérifiez que la page qui vient d'apparaître est bien sécurisée (adresse commençant par `https://`). Inscrivez les informations demandées : numéro de carte bancaire, date d'expiration et les trois derniers chiffres du numéro de contrôle qui se trouve au dos de votre carte.

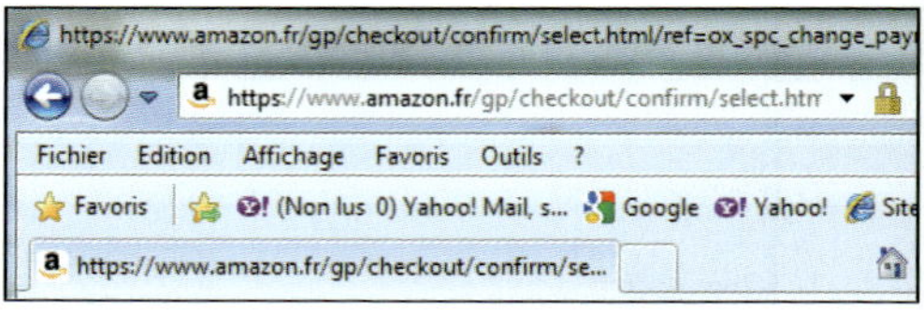

8 Cliquez sur le bouton **Valider** pour effectuer votre paiement qui deviendra ensuite définitif. Si vous regrettez votre achat à ce stade, rien n'est perdu. Vous avez toujours la possibilité de cliquer sur le bouton **Annulation**. Vous pourrez ainsi revenir sur la page d'accueil de la boutique et ajouter, si vous le souhaitez, un article supplémentaire à votre commande. Ou alors abandonner complètement la transaction sans que votre compte bancaire ne soit débité.

9 Si vous avez validé la commande, vous obtenez une page de confirmation qui vous indique que votre paiement a été accepté. Cliquez sur le bouton ou le lien que l'on vous propose pour retourner sur le site de la boutique.

10 Parfois, selon la boutique que vous avez choisie, un second message de confirmation peut apparaître pour vous indiquer que votre achat a bien été pris en compte par le service commercial du site marchand. Vous recevrez également un e-mail qui vous spécifiera, entre autres, les délais de traitement de votre commande.

À présent, il ne reste plus qu'à attendre la livraison de vos articles. Mais en cas de pépin, sachez qu'il y a de nombreux moyens de pression pour récupérer votre argent. Il existe effectivement plusieurs associations de consommateurs qui peuvent vous venir en aide. Citons, par exemple, l'*Union fédérale des consommateurs, Que Choisir* (www.quechoisir.org), *Consommation, Logement et Cadre de Vie* (CLCV : www.clcv.org), l'*Association Léo-Lagrange pour la défense des consommateurs* (ALLDC : www.leolagrange-conso.org), etc. Pensez également aux associations d'internautes qui sont, bien souvent, très efficaces elles aussi. Nous pensons plus particulièrement au site des Arnaques.com (www.lesarnaques.com) et à son forum très actif : http://forum.lesarnaques.com.

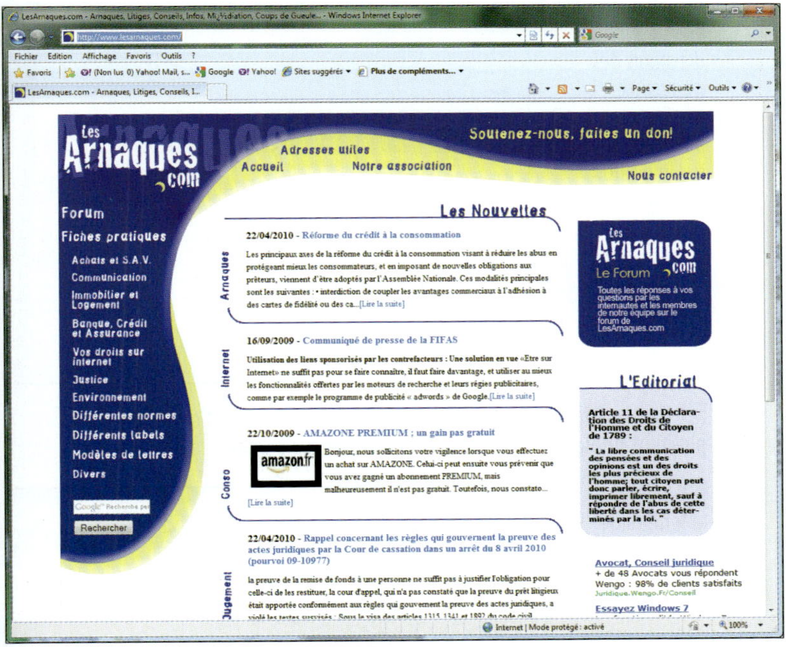

Enfin, rien ne vous empêche de contacter votre antenne départementale de la Direction générale de la concurrence, de la consommation et de la répression des fraudes. Au besoin, vous pourrez récupérer l'adresse de l'antenne régionale qui vous intéresse sur le site de l'Administration centrale : www.finances.gouv.fr/DGCCRF. Espérons toutefois qu'il ne sera pas nécessaire d'en arriver là...

ENVOYER SES PHOTOS *par e-mail*

Windows Live Mail intègre un module entièrement dédié à l'envoi de vos photos par e-mail. Vous pourrez ainsi les modifier ou corriger leurs défauts directement dans vos messages.

1 Démarrez Windows Live Mail.

2 Dans la fenêtre qui s'affiche, cliquez sur le bouton **Nouveau**.

3 La fenêtre d'édition des nouveaux messages apparaît à l'écran. Cliquez sur le bouton **Ajouter des photos**.

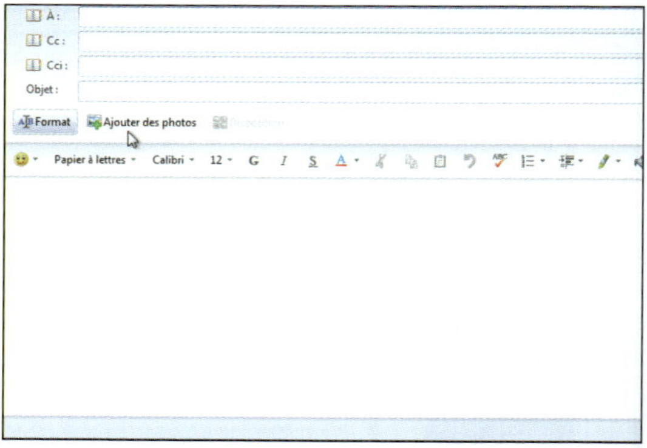

4 Une fenêtre de l'Explorateur de fichiers s'affiche. Sélectionnez une ou plusieurs photos que vous souhaitez envoyer par e-mail.

5 Refermez la fenêtre de l'Explorateur de fichiers. La photo a été intégrée dans le corps du message. Comme vous pouvez le constater, vous disposez de plusieurs nouvelles commandes pour modifier votre image directement dans le message.

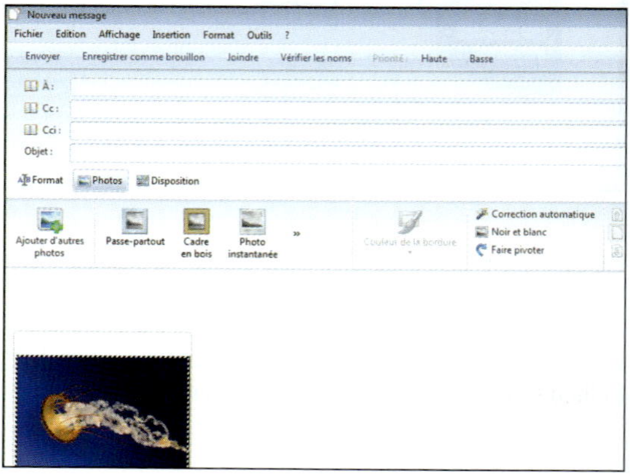

6 Cliquez par exemple sur le bouton **Cadre en bois**. Le résultat est immédiat. Une bordure, avec une texture bois intégrée, entoure désormais votre photo.

7 Vous pouvez modifier la couleur de la bordure en toute simplicité. Il suffit de cliquer sur le bouton **Couleur de la bordure**. Un menu déroulant s'affiche immédiatement.

8 Sélectionnez la teinte de votre choix pour appliquer une nouvelle couleur au cadre.

9 Il ne reste plus ensuite qu'à compléter votre message comme d'habitude avant de l'envoyer. Indiquez alors l'adresse du destinataire et un sujet, puis saisissez votre texte. Cliquez enfin sur le bouton **Envoyer**.

AFFICHER DES SITES *incompatibles*

Internet Explorer intègre une nouvelle fonctionnalité qui permet d'afficher les sites incompatibles. De fait, lorsque vous rencontrez des erreurs d'affichage ou d'exécution de script lorsque vous affichez une page web, vous avez la possibilité d'activer une fonction spécifique pour tenter de visualiser correctement le site qui vous intéresse.

1 Démarrez Internet Explorer.

2 Connectez-vous sur un site qui génère des erreurs d'affichage avec votre navigateur.

3 Sélectionnez, à partir du menu **Outils**, la commande **Affichage de compatibilité**.

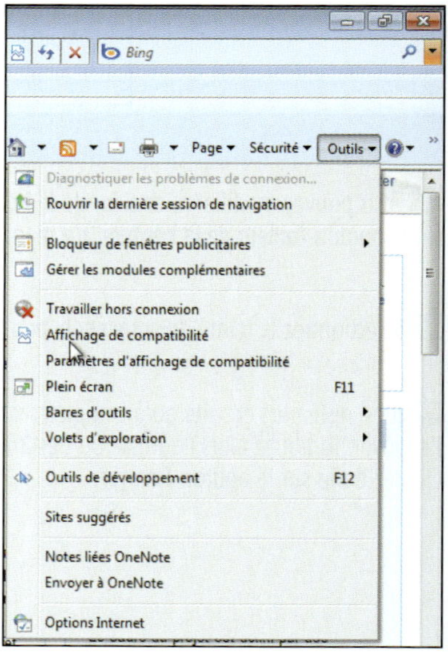

4 La page affichée dans le navigateur se recharge automatiquement. Cette fois-ci, l'affichage doit se faire sans erreur. Notez que vous pouvez également basculer en mode d'affichage de compatibilité en cliquant sur l'icône conçue à cet effet à droite de la barre d'adresse du navigateur.

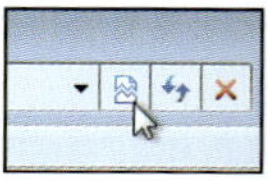

5 Vous avez en outre la possibilité de spécifier dans les paramètres du navigateur les dresses des sites qui doivent s'afficher en mode Affichage de compatibilité. Sélectionnez, partir du menu **Outils**, la commande **Paramètres d'affichage de compatibilité**.

6 Dans la boîte de dialogue qui 'affiche, saisissez, dans la zone de exte *Ajouter ce site Web*, l'adresse u le domaine du site qui présente les problèmes de compatibilité avec nternet Explorer.

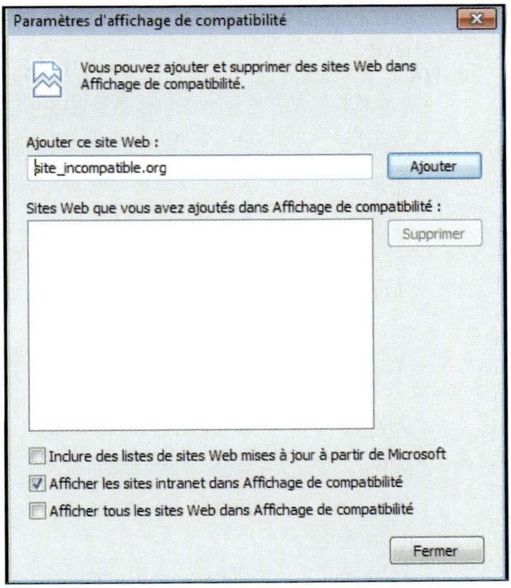

7 Cliquez sur le bouton **Ajouter** pour intégrer le site dans la liste des sites à afficher en mode Affichage de compatibilité.

8 Cliquez sur le bouton **Fermer**. L'adresse du site a été enregistrée dans les paramètres d'Internet Explorer.

LES RACCOURCIS *clavier*

Pour naviguer plus efficacement sur le Web avec Internet Explorer ou pour accéder plus rapidement à ses fonctions, vous disposez de plusieurs raccourcis clavier.

RACCOURCIS CLAVIER	
Touches	**Description**
F1	Affiche l'aide ou, dans une boîte de dialogue, affiche l'aide contextuelle relative à un élément
F11	Bascule entre les modes Plein écran et Normal de la fenêtre du navigateur
Tab	Se déplace en avant entre les éléments d'une page web, la barre d'adresses et la barre des liens
Maj+Tab	Se déplace en arrière entre les éléments d'une page web, la barre d'adresses et la barre des liens
Alt+↖	Affiche la page de démarrage
Alt+→	Affiche la page suivante
Alt+← ou Retour Arrière	Affiche la page précédente
Maj+F10	Affiche le menu contextuel d'un lien
Ctrl+Tab ou F6	Se déplace en avant dans les cadres
Maj+Ctrl+Tab	Se déplace en arrière parmi les cadres
↑	Fait défiler la page jusqu'au début
↓	Fait défiler la page jusqu'à la fin
⇞	Fait défiler la page jusqu'au début par intervalles plus importants
⇟	Fait défiler la page jusqu'à la fin par intervalles plus importants
↖	Affiche le début d'un document
Fin	Affiche la fin d'un document
Ctrl+F	Recherche sur la page
F5 ou Ctrl+R	Mise à jour de la page
Échap	Abandonne le transfert d'une page
Ctrl+O ou Ctrl+L	Va à un nouvel emplacement
Ctrl+N	Ouvre une nouvelle fenêtre
Ctrl+W	Referme la fenêtre
Ctrl+S	Enregistre la page

Fiche Pratique 3

RACCOURCIS CLAVIER	
Touches	**Description**
Ctrl+P	Imprime la page ou le cadre actif
Entrée	Active un lien sélectionné
Ctrl+E	Ouvre le volet de recherche
Ctrl+I	Ouvre le volet des Favoris
Ctrl+H	Ouvre le volet de l'Historique
Alt+P	Définit les options d'impression et imprime la page
Alt+U	Modifie le papier, les en-têtes, les pieds de page, l'orientation et les marges de cette page
Alt+↖	Affiche la première page à imprimer
Alt+←	Affiche la page précédente à imprimer
Alt+A	Insère le numéro de page à afficher
Alt+→	Affiche la page suivante à imprimer
Alt+Fin	Affiche la dernière page à imprimer
Alt+F	Détermine comment imprimer les cadres Cette fonction n'est accessible que si vous imprimez une page Web avec des cadres
Alt+C	Ferme l'aperçu avant impression
Alt+D	Sélectionne le texte de la barre d'adresse
F4	Affiche la liste des adresses que vous avez saisies
Ctrl+←	Dans la barre d'adresse, place le curseur à gauche du séparateur logique suivant (point ou barre oblique)
Ctrl+→	Dans la barre d'adresse, place le curseur à droite du séparateur qui suit (point ou barre oblique)
Ctrl+Entrée	Ajoute `.www` au début et `.com` à la fin du texte saisi dans la barre d'adresses
Ctrl+D	Ajoute la page en cours à vos Favoris
Ctrl+B	Ouvre la boîte de dialogue **Organiser les Favoris**
Alt+↑	Déplace l'élément sélectionné vers le haut dans la liste des Favoris de la boîte de dialogue **Organiser les Favoris**
Alt+↓	Déplace l'élément sélectionné vers le bas dans la liste des Favoris de la boîte de dialogue **Organiser les Favoris**
Ctrl+X	Supprime les éléments sélectionnés et les copie dans le Presse-papiers
Ctrl+C	Copie les éléments sélectionnés vers le Presse-papiers
Ctrl+V	Insère le contenu du Presse-papiers à l'emplacement sélectionné
Ctrl+A	Sélectionne la totalité des éléments sur la page web active

LES CODES D'ERREUR DU WEB *et quelques solutions (1)*

Lorsque vous naviguez sur le Web, vous pouvez vous trouver face à des erreurs de toutes sortes. En général, vous obtenez une page spécifique qui contient un code d'erreur ; et rares sont les utilisateurs qui en connaissent la signification. Dommage, car si c'était le cas, ils pourraient parfois contourner l'erreur et obtenir la page qu'ils souhaitent afficher. Voici les principaux codes d'erreurs que vous pouvez rencontrer, et la parade éventuelle.

Erreur 301

Le document que vous souhaitez afficher a été déplacé de façon permanente.

Remède

Connectez-vous sur la page d'accueil du site en supprimant de l'adresse sa dernière partie pour ne conserver qu'une URL de type `http://www.adresse.com`. Essayez ensuite de retrouver votre document en visitant les rubriques proposées. Vous pouvez également envoyer un e-mail au webmestre pour lui demander son nouvel emplacement.

Erreur 302

Le document que vous souhaitez afficher a été déplacé de façon temporaire.

Remède

Vous pouvez tenter votre chance plus tard ou un autre jour. La page que vous recherchez devrait être disponible prochainement sous l'adresse que vous venez d'indiquer.

Erreur 400

Il y a une erreur de syntaxe dans l'adresse du document.

Remède

Saisissez une nouvelle fois l'adresse de la page en faisant bien attention à sa syntaxe.

Erreur 401

Vous n'avez pas l'autorisation d'accéder au document que vous souhaitez afficher.

Remède

La page que vous voulez consulter est vraisemblablement protégée par un mot de passe. Dans ces conditions, contactez le service pour l'obtenir.

Erreur 402

La page que vous voulez consulter est accessible mais vous devez auparavant payer une somme, déterminée par le service, pour le faire.

Remède

Envoyez un message au responsable du site pour vous abonner ou trouvez sur leur page le formulaire de paiement en ligne.

Erreur 403

Vous n'avez pas l'autorisation de vous connecter sur le serveur. Cela signifie que toutes les pages du site vous sont interdites d'accès.

Remède

Essayez de contacter le responsable du site pour connaître la raison de cette interdiction. En général, votre domaine (celui de votre fournisseur d'accès Internet plus précisément) a été bloqué suite à des actions indélicates de la part de certains abonnés (spam, tentative de piratage, etc.).

Erreur 404

Probablement l'erreur la plus fréquente. Elle indique que la page à afficher n'existe plus à l'adresse que vous avez indiquée.

Remède

Connectez-vous à la page d'accueil du site en supprimant de l'adresse sa dernière partie pour ne conserver qu'une URL de type `http://www.adresse.com`. Essayez ensuite de retrouver votre document en visitant les rubriques proposées.

LES CODES D'ERREUR DU WEB *et quelques solutions (2)*

Les erreurs sont légion sur le Web et certaines peuvent être résolues, comme nous venons de le voir. Cela dit, ce n'est pas toujours le cas, surtout avec les codes d'erreur 500...

Erreur 405

Cette erreur désigne généralement une faute de programmation dans un formulaire. Elle survient lorsque, après avoir rempli tous les champs, vous soumettez la page en cliquant sur le bouton correspondant. En d'autres termes, l'erreur 405 renvoie à une méthode de requête de formulaire non autorisée sur le serveur.

Remède

Peu de choses à faire. Vous pouvez retenter votre chance plus tard en espérant que le webmestre aura résolu ce dysfonctionnement. Vous pouvez également tenter d'envoyer les informations d'une autre façon, par e-mail par exemple. Ou alors, contactez le responsable du site pour le prévenir de l'erreur.

Erreur 406

La requête que vous essayez d'exécuter n'est pas acceptée par le serveur et elle ne peut être traitée.

Remède

Si vous avez cliqué sur un lien ou un bouton intégré dans un page du site, prévenez le webmestre pour lui signaler cette erreur. Vous pouvez également tenter votre chance plus tard, l'erreur n'est peut-être que temporaire (fonctionnalité désactivée pendant le temps d'une réparation ou d'une opération de maintenance).

Erreur 407

Pour accéder à la page que vous souhaitez afficher, vous avez besoin de l'autorisation du serveur proxy.

Remède

Si vous passez par le serveur proxy de votre fournisseur d'accès Internet, désactivez-le dans les paramètres de configuration d'Internet Explorer.

Erreur 408

La page à consulter met trop de temps à s'afficher et la requête vient d'être interrompue.

Remède

Retentez votre chance maintenant et plus tard.

Erreur 500

Vous êtes en face d'une erreur interne du serveur.

Remède

Aucun remède à tenter de votre côté : il faut attendre que le service technique trouve une solution à ce dysfonctionnement de leur serveur.

Erreur 502

Votre requête a emprunté une mauvaise passerelle d'accès.

Remède

À l'instar de toutes les autres erreurs de type 500, il n'y a rien à faire de votre côté, si ce n'est prendre votre mal en patience...

Erreur 503

Le service que vous tentez d'utiliser est pour le moment indisponible.

Remède

Revenez plus tard !

NAVIGUER SUR *les sites FTP*

Internet Explorer permet de découvrir Internet par le Web, mais pas seulement. Par exemple, avec son navigateur, vous pouvez accéder à un autre espace tout aussi intéressant que l'on nomme FTP.

Les sites FTP permettent de stocker et diffuser toutes sortes de fichiers : des images, des documents et, surtout, des logiciels. De plus, la majorité de ces sites n'exige aucun mot de passe pour y accéder. En d'autres termes, ils sont ouverts à tous. Voyons comment profiter de leurs ressources.

1 Saisissez l'adresse d'un serveur FTP dans la barre d'adresses d'Internet Explorer comme vous le faites d'habitude pour les sites Web. Seule différence : l'adresse débutera par `ftp://` et non pas `http://`. Dans notre exemple, nous nous sommes connectés sur le site FTP de Microsoft : ftp://ftp.microsoft.com.

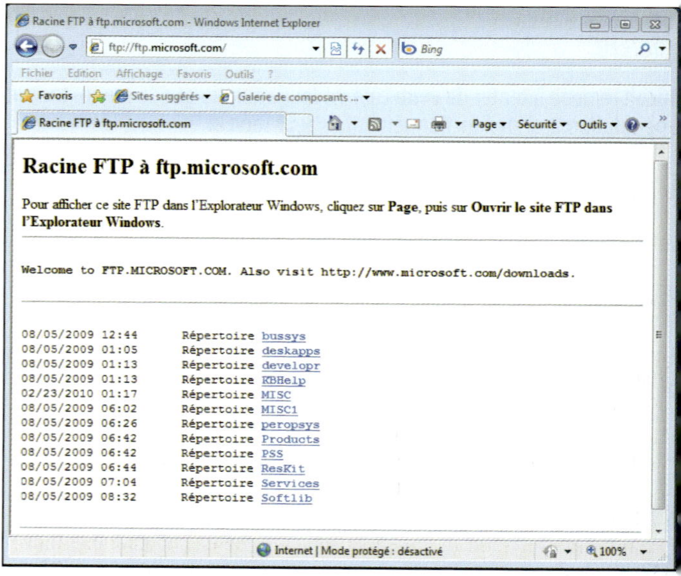

2 Le principe de navigation sur un serveur FTP est quasiment identique à celui du Web. Vous disposez de plusieurs dossiers et il suffit de cliquer sur leurs intitulés, qui correspondent en fait à des liens, pour accéder à leur contenu.

3 Pour télécharger un fichier sur votre ordinateur, cliquez sur son intitulé avec le bouton droit de la souris et sélectionnez à partir du menu contextuel la commande **Enregistrer la cible sous**.

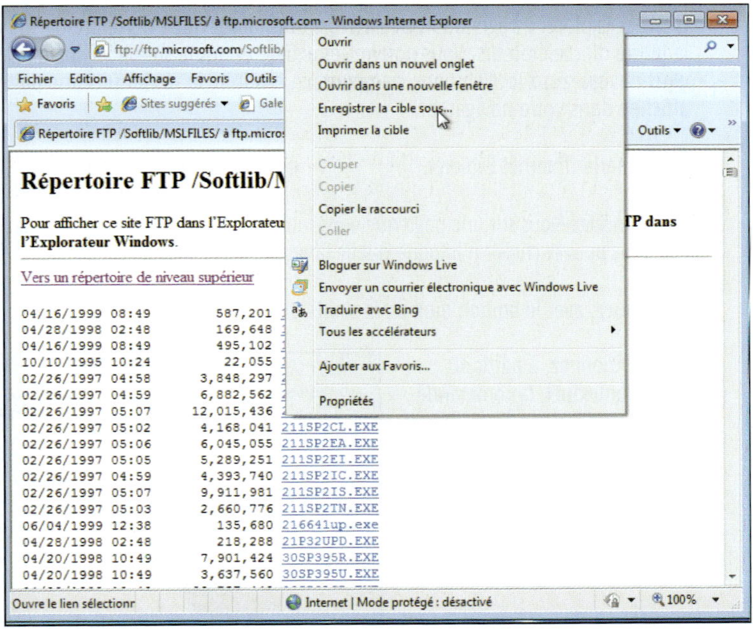

4 Une boîte de dialogue s'affiche et il ne vous reste plus qu'à sélectionner le dossier où vous souhaitez transférer le fichier. Validez par OK pour démarrer le téléchargement.

Notez que lorsque vous vous connectez anonymement à un serveur FTP, comme nous venons de le faire, les opérations sont très limitées. Vous pouvez généralement récupérer des fichiers, mais vous ne pourrez pas les déplacer d'un dossier à l'autre sur le serveur, voire en déposer à partir de votre machine ou en supprimer. Ce type de manipulation est réservé aux utilisateurs identifiés (qui possèdent un identifiant et un mot de passe sur le serveur FTP). Dès lors, si vous devez réaliser des tâches non permises avec une connexion anonyme, il est préférable d'adopter un véritable client FTP. Il en existe plusieurs sur le marché. Citons, par exemple, SmartFTP (www.smartftp.com) et FileZilla (http://filezilla.sourceforge.net) qui sont totalement gratuits.

Enfin, sachez que, sur un site FTP, les logiciels disponibles pour le public se trouvent dans le répertoire *PUB*. Et pour connaître le contenu d'un serveur FTP, il faut télécharger un fichier texte intitulé le plus souvent *index.txt* ou *readme*.

ADOPTER *des accélérateurs*

Internet Explorer intègre de nouvelles fonctionnalités que l'on regroupe sous le terme d'accélérateurs. Vous pouvez les activer en toute simplicité lorsque vous naviguez sur le Web pour, par exemple, traduire le contenu d'une page affichée dans votre navigateur.

1 Démarrez Internet Explorer.

2 Connectez-vous sur une page que vous souhaitez traduire en français. Notez que vous pouvez choisir n'importe quelle langue.

3 Cliquez, avec le bouton droit de la souris, sur un espace libre de la page.

4 Sélectionnez, à partir du menu contextuel, la commande **Tous les accélérateurs/Traduire avec Bing**.

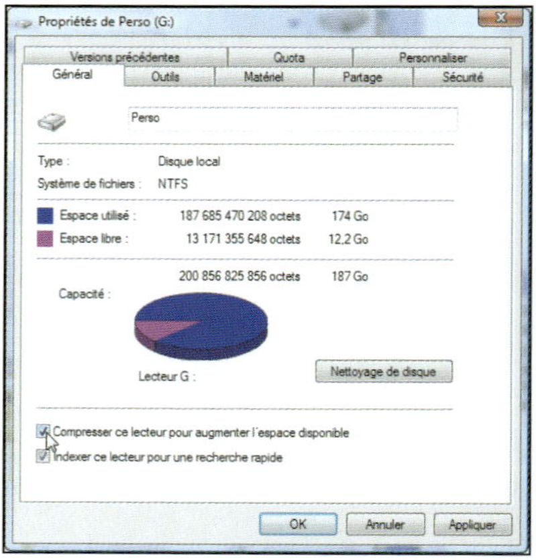

5 Le résultat s'affiche immédiatement dans une nouvelle fenêtre. Vous disposez, à gauche, de la page originale avec la langue source puis, à droite, la page traduite automatiquement dans la langue de votre navigateur, c'est-à-dire le français.

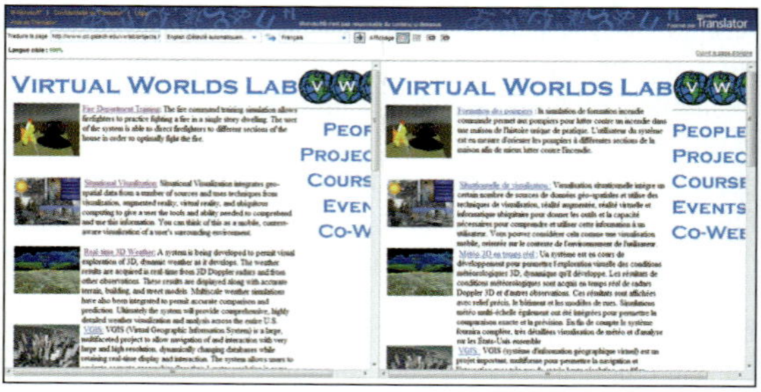

Il existe de nombreux autres accélérateurs que vous pouvez installer en toute simplicité dans Internet Explorer.

1 Démarrez Internet Explorer.

2 Cliquez, avec le bouton droit de la souris, dans la fenêtre du navigateur.

3 Sélectionnez, à partir du menu contextuel, la commande **Tous les accélérateurs/Rechercher d'autres accélérateurs**.

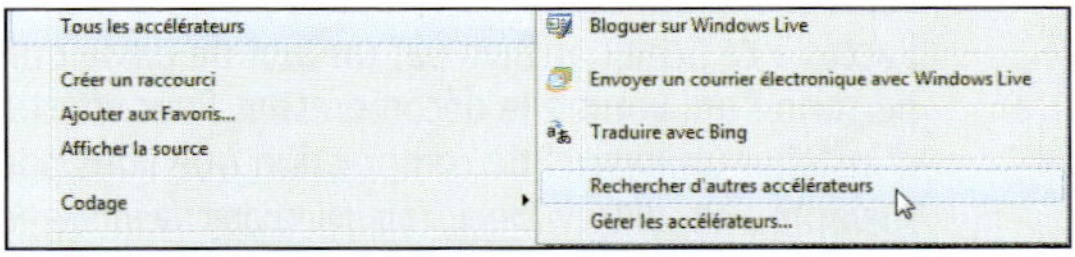

4 La page de la Galerie de compléments de Microsoft s'affiche dans la section consacrée aux accélérateurs. Vous disposez ici d'une liste de tous les accélérateurs disponibles actuellement pour Internet Explorer.

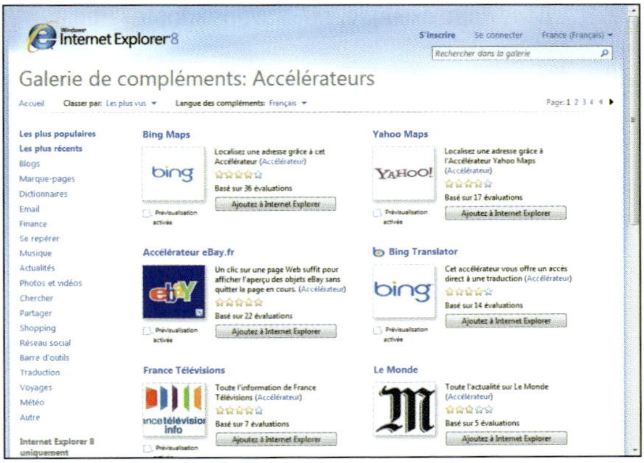

5 Lorsqu'un accélérateur vous intéresse, cliquez sur le bouton **Ajouter à Internet Explorer** correspondant.

6 La boîte de dialogue Ajouter un accélérateur s'affiche. Cliquez sur le bouton **Ajouter** pour installer immédiatement l'accélérateur dans le navigateur. Il sera ainsi disponible dans le menu contextuel.

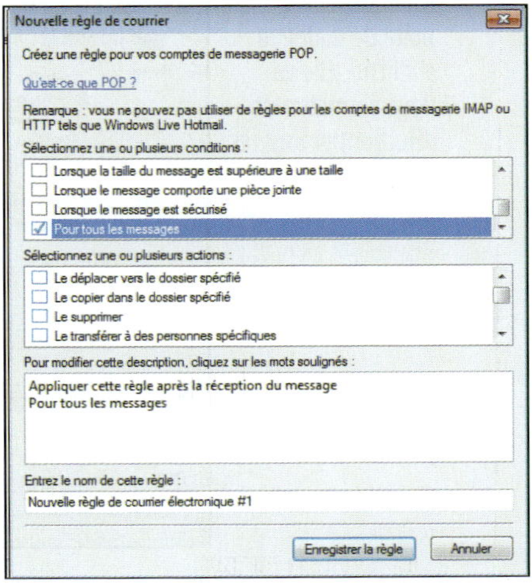

SÉCURISER *ses archives*

Si vous devez envoyer par courrier électronique des données hautement confidentielles, sachez qu'il existe un moyen tout simple pour les sécuriser. Il suffit effectivement de les compresser et, dans un second temps, de protéger l'accès à ce fichier archive par un mot de passe qui sera demandé à toute personne qui voudra le décompresser. Pour effectuer cette opération, il suffit d'installer un logiciel de compression que vous pouvez récupérer à l'adresse suivante : http://www.clubic.com/telecharger/windows/compression.

Dans notre exemple, nous avons adopté l'utilitaire WinZip.

1 Démarrez WinZip et cliquez sur le bouton **Nouveau** de la barre d'outils.

2 Indiquez, dans la boîte de dialogue **Nouvelle archive**, l'intitulé du nouveau fichier compressé et validez par OK.

3 Immédiatement, une nouvelle boîte de dialogue s'affiche. Elle va vous permettre de sélectionner tous les fichiers à archiver.

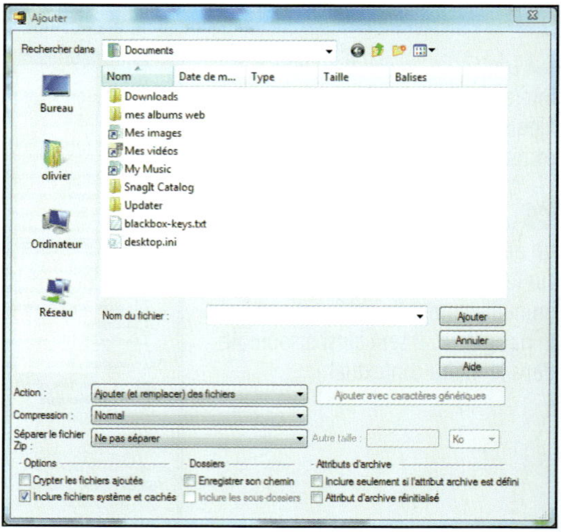

4 Plusieurs options sont à votre disposition. La liste déroulante *Action* propose quatre options : *Ajouter (et remplacer) des fichiers*, *Rafraîchir les fichiers existants*, *Déplacer (et remplacer) des fichiers*, et *Mettre à jour (et ajouter) des fichiers*. La première ajoute tous les fichiers que vous aurez sélectionnés à l'archive, tandis que la seconde met uniquement à jour les fichiers déjà contenus dans l'archive. L'option de mise à jour est identique à la précédente, mais elle ajoute également, à l'archive, tous les nouveaux fichiers spécifiés. Enfin, l'option de déplacement supprime les fichiers initiaux de votre disque dur pour ne conserver que leur archive. Dans tous les cas, rien ne vous interdit ici de compresser plusieurs fichiers dans une seule archive. Il suffit de tous les sélectionner dans le cadre prévu à cet effet.

5 Pour la méthode de compression, conservez le paramètre inscrit par défaut (*Normal*) dans la liste déroulante *Compression*.

6 Pour sécuriser votre archive et préserver la confidentialité de vos données, spécifiez votre mot de passe de protection en cochant l'option *Crypter les fichiers ajoutés*. Inscrivez ensuite un mot de passe de votre choix dans la boîte de dialogue qui s'affichera.

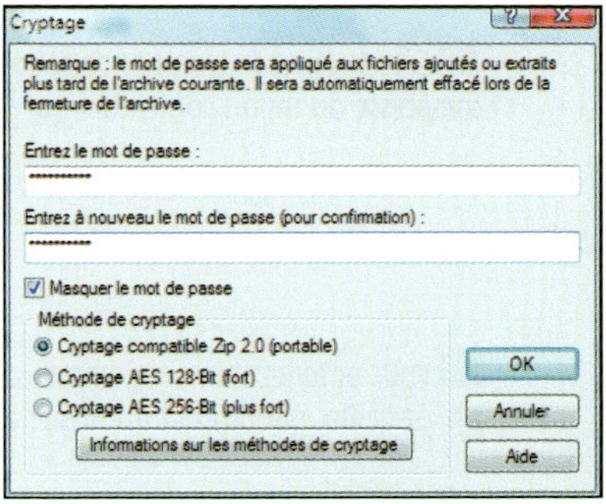

7 Tous les fichiers sélectionnés sont maintenant compressés dans une seule archive sécurisée. Pour l'ouvrir, il sera nécessaire de saisir le mot de passe que vous venez de définir.

TRANSMETTRE *par e-mail ses fichiers*

Si seule la compression des fichiers vous intéresse pour optimiser leur envoi par e-mail, inutile d'installer un logiciel de compression. Vous pouvez effectivement les compresser avec un utilitaire spécifique intégré dans Windows. Démonstration...

1 Démarrez votre Explorateur Windows et sélectionnez avec le bouton droit de la souris le fichier à envoyer par courrier électronique.

2 Sélectionnez la commande **Envoyer vers/Dossier compressé** du menu contextuel qui s'affiche.

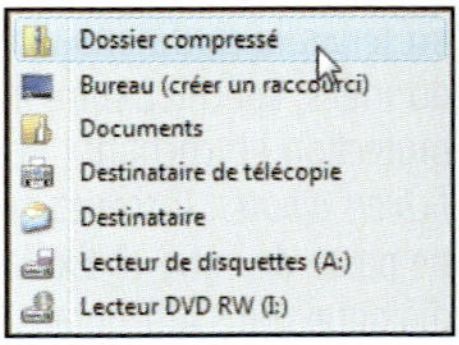

3 Vous obtenez immédiatement, dans le même dossier, une archive au format zip. Sa taille, par rapport au fichier original, est bien entendu réduite.

4 Il ne vous reste plus qu'à envoyer votre fichier compressé dans un nouveau message avec votre logiciel de courrier électronique habituel, comme vous le faites d'habitude avec n'importe quel autre fichier.

Mais il existe encore une procédure plus rapide si le fichier est déjà compressé (une archive ou une image au format JPEG par exemple).

1 Sélectionnez un fichier avec le bouton droit de la souris activez la commande **Envoyer vers/Destinataire** du menu contextuel.

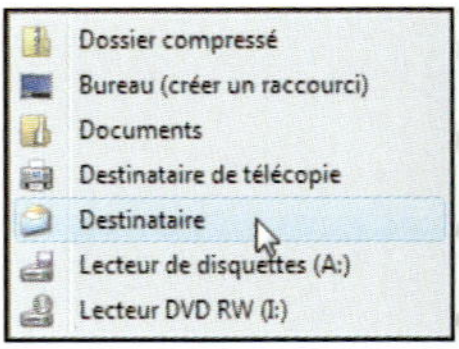

2 Une fenêtre de nouveau message de votre logiciel de courrier électronique s'ouvre instantanément avec le champ *Joindre* automatiquement rempli par le nom de votre nouvelle archive.

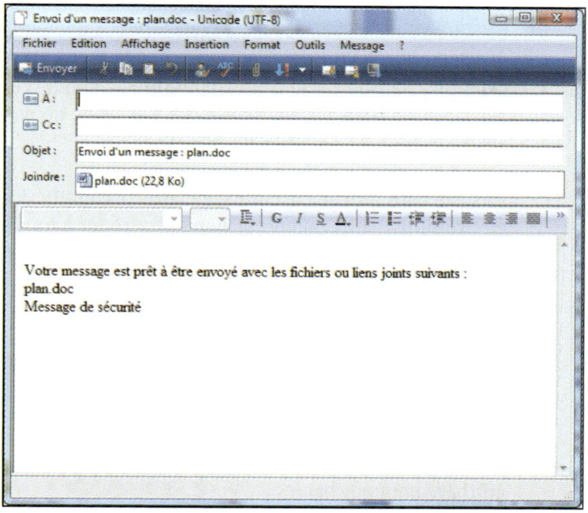

3 Il ne vous reste plus qu'à indiquer l'objet du message et à rédiger votre texte pour envoyer ensuite votre e-mail avec son fichier compressé sous forme de pièce jointe.

SUIVRE À LA TRACE *les messages*

Lorsque vous recevez des messages, il peut s'avérer intéressant de savoir exactement qui vous les a envoyés, et comment on vous les a transmis. Par exemple, dans le cadre d'un spam publicitaire, il n'est pas rare que le champ *De* dans l'en-tête ait été falsifié. Dès lors, vous pouvez en savoir plus en affichant tous les en-têtes du message.

Lorsque vous affichez un message dans n'importe quel logiciel de courrier électronique, vous pouvez facilement accéder à tous ses en-têtes.

1 Double-cliquez sur l'intitulé d'un message que vous venez de recevoir à partir de la fenêtre principale du programme.

2 La fenêtre d'affichage du message apparaît. Commencez par sélectionner la commande **Tous les en-têtes** du menu **Affichage** pour afficher les principaux en-têtes du message.

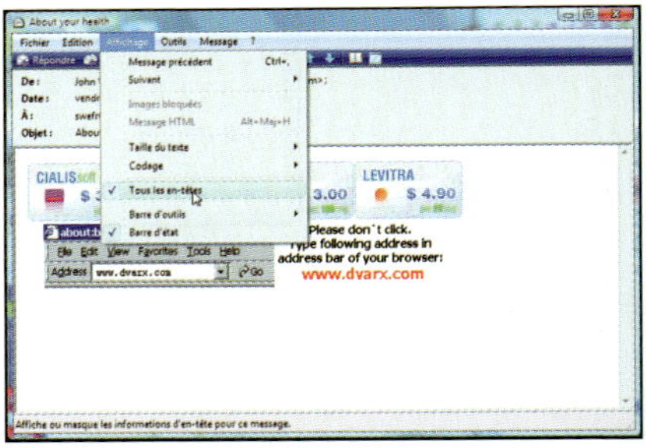

3 Si ça ne suffit pas et que vous souhaitiez accéder à tous les en-têtes cachés du message, normalement destinés aux serveurs pour l'acheminement du mail à travers Internet, sélectionnez cette fois-ci la commande **Propriétés** du menu **Fichier**.

4 Dans la boîte de dialogue qui apparaît, cliquez sur l'onglet **Détails**.

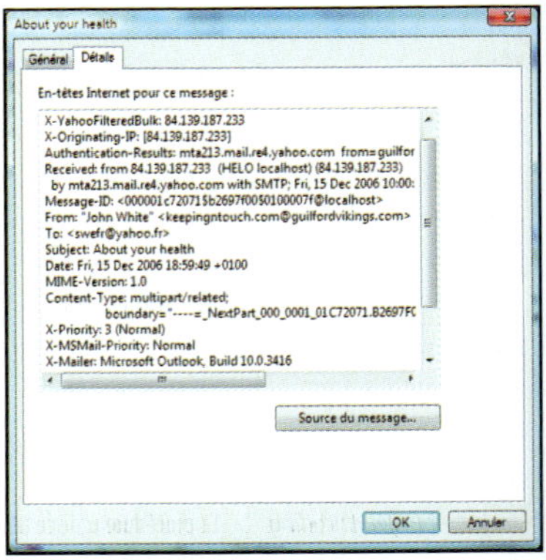

Fiche Pratique 10

5 Pour obtenir une vue différente dans une fenêtre redimensionnable, cliquez sur le bouton **Source du message**.

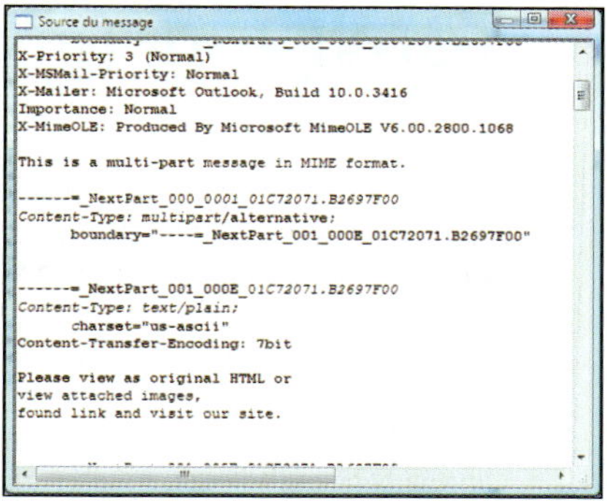

Accéder aux en-têtes de ses messages, c'est bien, mais savoir les interpréter, c'est encore mieux. Voici un petit tableau qui devrait vous permettre d'y voir plus clair.

EN-TÊTES DE MESSAGERIE	
Champ	**Signification**
A (To)	Adresses des destinataires, séparées par des virgules
De (From)	Adresse de l'expéditeur
CC	Adresses des destinataires en copie (*Copie Carbone* ou *Carbon Copy*)
BCC (CCi)	Champ caché pour les adresses des destinataires
Répondre à (Reply-to)	L'adresse indiquée par l'expéditeur pour recevoir les réponses
Return-Path	Retrouve le serveur qui a expédié le message
Date	La date et l'heure de l'expédition du message
Sujet (ou Objet, Subject)	L'objet du courrier
Référence (In In-Reply-To)	Dans le cas d'une réponse, contient les références au premier message expédié
Attachement (attachment)	Champ où l'utilisateur indique le chemin et le nom du fichier à envoyer avec son message
Sender	Le mode d'expédition (`mailing-list`, par exemple)
Received	Permet d'identifier chaque machine (appelée «routeur») par lequel votre message a transité Il contient l'adresse de l'expéditeur, celle du routeur, la date et l'heure du traitement de votre message
Message-ID	L'identification du message sur le serveur qui l'a expédié
X	Identificateur pour tous les champs optionnels qui seront rajoutés par certaines applications (par exemple, `X-Mailer` pour l'intitulé du logiciel de messagerie utilisé)
X-Attachments	Indique le chemin, sur le disque dur de l'expéditeur, du fichier attaché au mail
Mime-Version	La version du standard MIME utilisé (norme permettant d'envoyer d'autres formats que celui du texte par le service de messagerie Internet)
Content-Type	Le type des données contenues dans le mail
Content-Transfer-Encoding	La procédure utilisée pour coder des fichiers binaires

GAGNER *de la place*

Besoin de plus de place pour augmenter la taille du cache d'Internet Explorer ou pour stocker tous les fichiers que vous téléchargez ? Adoptez alors les outils de compression de Windows, ils feront des merveilles.

1. Ouvrez une fenêtre de l'Explorateur Windows.

2. Dans la fenêtre qui s'affiche, sélectionnez avec le bouton droit de la souris une partition qui a besoin d'espace supplémentaire.

3. Sélectionnez la commande **Propriétés** à partir du menu contextuel qui apparaît.

4. Dans la boîte de dialogue **Propriétés**, sous l'onglet **Général**, cochez l'option *Compresser le lecteur pour augmenter l'espace disque disponible* puis validez par OK.

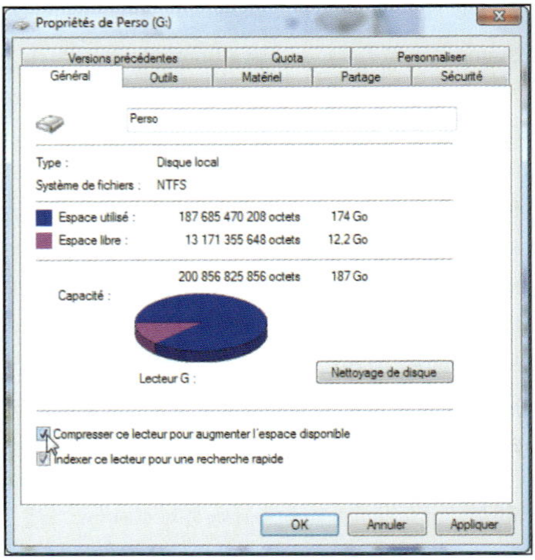

Vous obtiendrez ainsi une partition entièrement compressée, ce qui permettra évidemment de stocker plus de données.

Toutefois, si vous disposez d'une machine qui manque un peu de puissance, il faut savoir qu'un lecteur entièrement compressé entraîne nécessairement des temps d'accès plus longs aux fichiers. Dans ces conditions, il peut s'avérer utile de compresser avec parcimonie, dossier par dossier et non plus la partition entière comme nous venons de le faire.

1 Ouvrez une fenêtre de l'Explorateur Windows.

2 Dans la fenêtre qui s'affiche, cliquez sur la partition qui contient le dossier à convertir.

3 Dans la partie droite de la fenêtre de l'Explorateur Windows, sélectionnez le répertoire qui vous intéresse avec le bouton droit de la souris.

4 Sélectionnez la commande **Propriétés** à partir du menu contextuel qui apparaît.

5 Dans la boîte de dialogue **Propriétés**, sous l'onglet **Général**, cliquez sur le bouton **Avancé**.

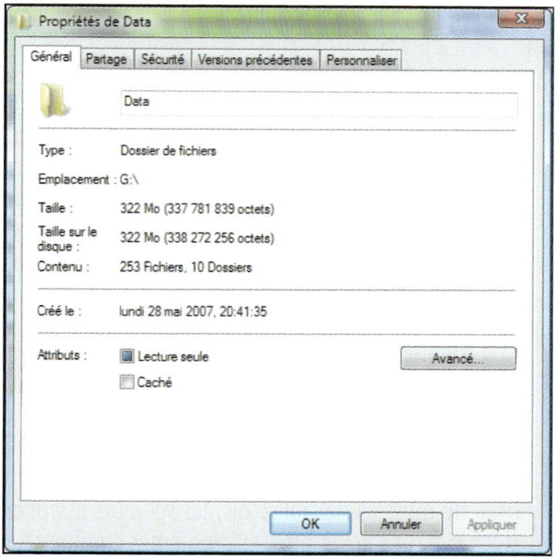

6 Cochez l'option *Compresser le contenu pour l'espace disque nécessaire* puis validez par OK les boîtes de dialogue.

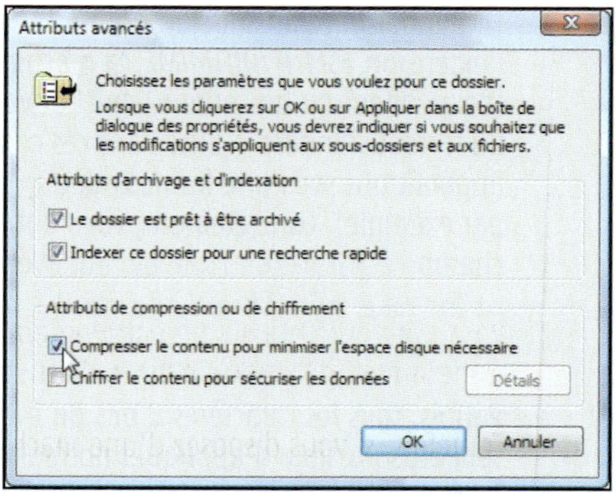

Le répertoire sélectionné est désormais compressé, il ne vous reste plus qu'à reproduire cette opération sur tous les autres dossiers de votre choix.

REMPLACER *les caractères accentués*

En général, la messagerie Internet représente un moyen assez fiable pour communiquer. Cela dit, il existe tout de même des dysfonctionnements auxquels vous devrez régulièrement faire face. Parmi les plus fréquents, on notera l'incompatibilité avec les messages accentués.

De fait, ces derniers sont parfois mal digérés sur Internet, et plus particulièrement par certaines machines par lesquelles transitent nos messages. Concrètement, la messagerie e-mail s'appuie à l'origine sur une technologie américaine et, dans ces conditions, le protocole SMTP a été conçu au départ pour transmettre des informations dans un format texte rudimentaire. C'est-à-dire limité à l'alphabet anglo-saxon qui est constitué de caractères ASCII 7 bits uniquement. Bien entendu, ce jeu de caractères est incompatible avec nos accents.

Heureusement, pour supporter les spécificités de notre langue et envoyer des pièces jointes (c'est-à-dire des fichiers binaires), le protocole a été revu et corrigé : de nouvelles normes ont été adoptées. On pense plus particulièrement aux technologies *Extended SMTP* et *MIME* qui représentent désormais de véritables standards, implémentés sur la plupart des routeurs de messagerie. Toutefois, les serveurs étrangers n'ont pas toujours été remis à jour, et c'est là que les problèmes commencent.

Si, pendant la transmission du message, un serveur ne supporte pas l'extension *ESMTP 8BITMIME*, la machine qui se trouve juste avant lui (l'expéditeur ou un routeur) doit convertir automatiquement le message au format standard 7 bits. Dans ces conditions, tous les caractères 8 bits apparaîtront sous une forme codée (`=E9l=E8ve` pour le terme «*élève*», par exemple). Concrètement, vous obtiendrez dans l'en-tête un nouveau champ, `X-Mime-Autoconverted`, avec le paramètre `from 8bit to quoted-printable by <l'adresse de la machine qui a converti le message>`.

Parfois, tous les caractères 8 bits du message auront été supprimés et il ne sera plus possible d'appliquer notre manipulation pour le rendre lisible. De fait, avec le code des lettres accentuées, vous allez pouvoir retrouver le message initial en toute simplicité.

1 À partir de Windows Live Mail, sélectionnez la totalité du message et pressez simultanément sur les touches [Ctrl] et [C] (ou sélectionnez la commande **Copier** du menu **Edition**).

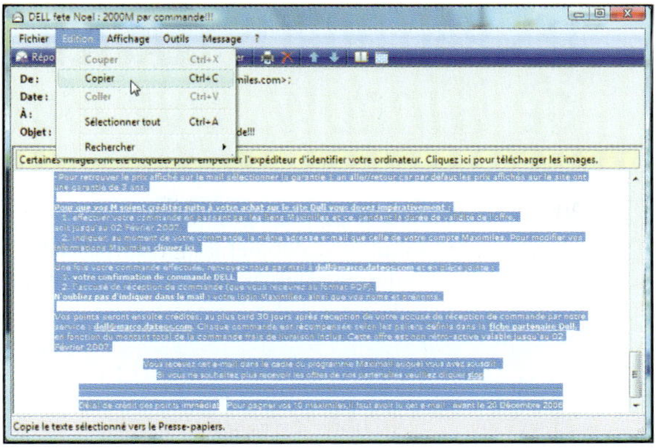

2 Ouvrez un nouveau document dans votre traitement de texte favori et appuyez simultanément sur les touches [Ctrl] et [V], ou cliquez sur le bouton **Coller** pour insérer votre message dans la page.

3 Sélectionner la commande **Remplacer** ou **Chercher/Remplacer** pour effectuer rapidement les modifications. Reportez-vous à notre tableau de conversion des caractères pour connaître les équivalents des codes à substituer.

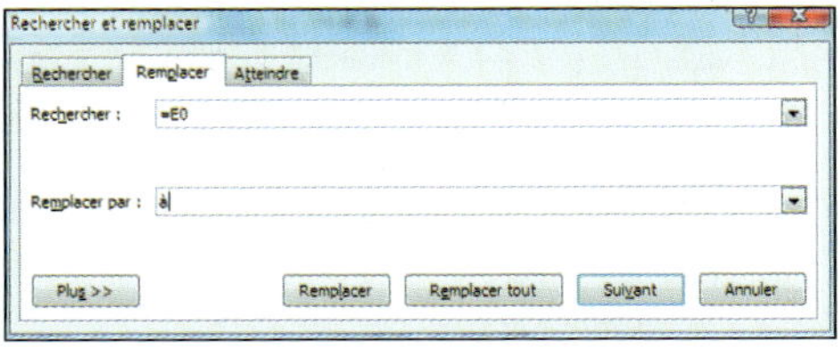

CONVERSION DES CODES DE CARACTÈRES

Lettres	Codage MIME
à	=E0
â	=E2
é	=E9
ê	=EA
è	=E8
ç	=E7
î	=EE
ô	=F4
ù	=F9

LES RACCOURCIS CLAVIER *de Windows Live Mail*

Pour utiliser Windows Live Mail plus rapidement, vous pouvez parfaitement vous passer de la souris et adopter les raccourcis clavier. En voici un tableau pour les commandes disponibles sous la fenêtre principale de Windows Live Mail.

COMMANDES DE LA FENÊTRE PRINCIPALE			
Touches	Signification	Touches	Signification
Ctrl+Maj+E	Création d'un nouveau dossier	Échap	Arrêter
Ctrl+O (ou Entrée)	Ouvrir	F5	Actualiser
Ctrl+P	Imprimer	Ctrl+M	Envoyer et recevoir tout
Ctrl+C	Copier	Ctrl+Maj+B	Carnet d'adresses
Ctrl+A	Sélectionner tout	Ctrl+W	Groupes de discussion
Ctrl+Maj+F	Rechercher dans le message	Ctrl+N	Nouveau message
Maj+F3	Rechercher dans le dossier	Ctrl+R	Répondre à l'expéditeur
F3	Recherche suivante	Ctrl+Maj+R	Répondre à tous
Ctrl+E	Rechercher dans le carnet d'adresses	Ctrl+G	Répondre au groupe
Ctrl+Maj+V	Déplacer vers un dossier	Ctrl+F	Transférer
Ctrl+D ou Suppr	Supprimer	F1	Afficher l'aide
Ctrl+Q ou Ctrl+Entrée	Marquer comme lu(s)	Ctrl+F3	Afficher la source du message
Ctrl+T	Marquer la conversation comme lue	Ctrl+F2	Afficher le code HTML du message
Ctrl+Maj+A	Marquer tous comme lus	Ctrl+I	Afficher la boîte de réception
Ctrl+<	Message précédent	Ctrl+Tab	Basculer entre les différentes fenêtres
Ctrl+>	Message suivant	← ou +	Développer une conversation
Ctrl+U	Message non lu	→ ou -	Réduire une conversation
Ctrl+Maj+U	Conversation non lue	Ctrl+Maj+M	Télécharger les News
Ctrl+J	Dossier non lu	Alt+Entrée	Afficher les propriétés
Ctrl+Y	Atteindre le dossier		

Voici les raccourcis clavier disponibles sous la fenêtre de rédaction des messages.

COMMANDES DE LA FENÊTRE DE RÉDACTION DES MESSAGES	
Touches	Signification
Alt+S ou Ctrl+Entrée	Envoyer le message
Ctrl+S	Enregistrer le message
Ctrl+D	Supprimer le message
Ctrl+P	Imprimer
Alt+Entrée	Propriétés
Ctrl+Z	Annuler
Ctrl+X	Couper
Ctrl+C	Copier
Ctrl+V	Coller
Ctrl+A	Sélectionner tout
Ctrl+Maj+F	Rechercher dans le message
Ctrl+E	Rechercher un correspondant
F7	Orthographe
Ctrl+K ou Alt+K	Vérifier les noms
Ctrl+Maj+B	Afficher le carnet d'adresses
Ctrl+N	Nouveau message
Ctrl+B	Style gras
Ctrl+I	Style italique
Ctrl+U	Style souligné
Échap	Fermer
F3	Rechercher
Ctrl+Tab	Basculer entre les différentes fenêtres
Ctrl+Maj+S	Insérer une signature
Alt+B	Afficher tous les en-têtes
F1	Aide

LIRE LES FICHIERS *illisibles*

Comme vous le savez, tous les logiciels de messagerie dignes de ce nom intègrent une commande **Attachement** (ou **Joindre**, entre autres) pour joindre un fichier binaire à votre message. Et Windows Live Mail n'échappe pas à cette règle. Avec lui, vous disposez même d'une fonctionnalité supplémentaire qui consiste à convertir automatiquement le fichier sélectionné pour le transmettre à travers le protocole e-mail d'Internet, c'est-à-dire en respectant les normes du standard SMTP (format d'échange ASCII, c'est-à-dire du texte brut). Dans ces conditions, toute la procédure est transparente et les utilisateurs n'ont pas à intervenir dans cette opération de conversion, leur programme de messagerie s'en charge parfaitement tout seul.

Compression

Si cette procédure est automatique, il convient toutefois de ne pas oublier de compresser vous-même les fichiers que vous envoyez par e-mail pour accélérer leur transfert.

Cela dit, une telle procédure ne suffit pas pour assurer une compatibilité parfaite entre deux systèmes. De fait, selon la plateforme et le logiciel utilisés, les formats d'encodage 7 bits peuvent être différents : *binhex* pour les Macintosh, *MIME* ou *uuencode* pour le PC, etc.

En fait, les problèmes apparaissent lors de la réception. Certes, cette opération s'avère très simple : il suffit de sauvegarder, dans son format initial, le fichier que vous avez reçu et de l'exécuter ensuite à partir de l'application correspondant à son format. Toutefois, si votre système, ou celui de votre destinataire, ne comprend pas le format d'attachement, le fichier sauvegardé sera inexploitable. Heureusement, plusieurs outils simples d'emploi permettent de convertir soi-même, ou de restituer, des fichiers binaires : StuffIt Expander (www.stuffit.com/expander) pour Macintosh ou WinZip (www.winzip.com) pour Windows, par exemple. Comme vous pourrez le constater dans les associations de fichier de WinZip (accessibles dans ses paramètres de configuration), les différents formats d'encodage SMTP sont supportés.

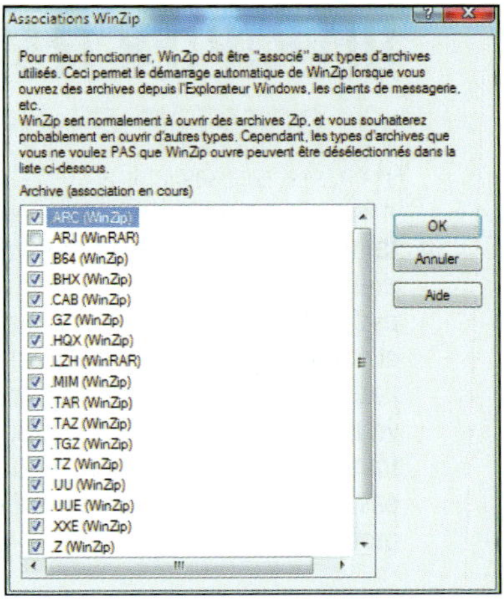

Dans ces conditions, il suffit de sauvegarder vos fichiers attachés en leur donnant une extension précise (*.b64*, *.uue* ou *.bhx*) qui permettra de les ouvrir sans difficulté ensuite avec Stuffit ou WinZip.

Cela dit, toute la difficulté consiste à connaître la bonne extension à indiquer. La solution se trouve dans l'en-tête du message qui contient le fichier illisible, et plus particulièrement sur la ligne *Content-Transfer-Encoding*.

Si elle indique *base64*, alors cela correspond à une méthode propre au format MIME pour encoder les fichiers binaires (format *b64*).

Le format *.uue*, lui, fait référence à une ancienne technique de conversion que nos outils peuvent également restituer sans problème. En général, ce sera une machine UNIX qui vous aura envoyé un fichier encodé de cette manière.

Enfin, la mention «*Binhex*» correspond à la technique de conversion adoptée par les systèmes Macintosh (format *.bhx*). Dans tous les cas, les deux programmes cités précédemment s'accommoderont fort bien de tous ces formats et ils pourront restituer sans aucune difficulté les formats initiaux.

DÉCRYPTER LES MESSAGES *d'erreur e-mail*

La messagerie Internet représente un système fiable pour échanger des données et il est fort rare que vos messages se perdent. Cela dit, des dysfonctionnements peuvent se produire parfois et les causes sont diverses et variées : panne d'un routeur, faute d'orthographe dans la saisie de l'adresse électronique de votre correspondant, etc. Dans le meilleur des cas, vous recevrez un rapport d'erreur qui vous informera de l'impossibilité de transmettre votre e-mail au destinataire. Mais d'autres fois, vous ne serez pas averti du dysfonctionnement et il n'existera aucun moyen de résoudre le problème.

Concrètement, vous pouvez recevoir trois types de message d'erreur par e-mail lorsque la transmission ne s'effectue pas correctement.

- Le premier constitue uniquement une information sur un engorgement temporaire. Une machine, par lequel transite votre message, vient de placer votre mail en attente de transmission. Dans ce cas, on vous indiquera clairement qu'une nouvelle tentative d'envoi sera effectuée plus tard et il s'avère inutile de transmettre une seconde fois votre mail. Notez toutefois que si, au terme d'un ou plusieurs essais, la machine ne peut envoyer votre message, vous recevrez alors un nouveau rapport d'erreur (en général, 48 heures après le premier avis), vous informant cette fois-ci de l'impossibilité de transmettre le mail. Dès lors, il conviendra de tenter votre chance une nouvelle fois ou de contacter par un autre moyen votre correspondant.

- Le deuxième message d'erreur provient généralement d'une faute de frappe dans la saisie de l'adresse électronique. Ainsi, si vous vous trompez dans le login de votre correspondant (le mot qui apparaît à gauche du signe @), le message sera bien transmis jusqu'au serveur du FAI qui héberge le compte du destinataire, mais ce serveur sera incapable ensuite de le distribuer à la bonne personne. Dans ces conditions, il vous enverra un rapport d'erreur vous indiquant que l'utilisateur que vous cherchez à joindre lui est inconnu (*User unknown*).

- La troisième erreur désigne une faute de saisie dans le nom de domaine du destinataire (ce qui apparaît à droite du signe @). Dans ce cas, vous recevrez un message d'erreur du serveur SMTP de votre FAI vous indiquant qu'il est incapable de trouver la machine de votre correspondant (*Unable to Resolve Host Name*).

Il n'existe pas 36 solutions pour remédier aux deux types d'erreur précédents. Recommencez la saisie de l'adresse électronique avec plus d'attention ou alors tentez de contacter votre correspondant par un autre moyen.

Dans le cas d'une erreur sur le login de votre destinataire, vous pouvez contacter le responsable technique de son serveur (en général, l'adresse pour le joindre est la suivante : `postmaster@nom_de_domaine`) et donnez-lui le nom de l'utilisateur que vous cherchez à joindre.

Enfin, le meilleur moyen d'éviter une erreur dans la saisie d'une adresse consiste tout simplement à utiliser le carnet d'adresses intégré à Windows.

CONSULTER DES MESSAGES *à distance*

Lors d'un déplacement professionnel, ou lorsque vous partez en vacance, vous emmenez rarement votre PC avec vous. Dans ces conditions, comment rester en contact avec sa messagerie ? Il existe plusieurs moyens de le faire.

1 La solution la plus simple consiste à se rendre dans un cybercafé pour utiliser l'interface web de messagerie de votre fournisseur d'accès Internet. De fait, la plupart des FAI (Orange, Numéricâble, Free, etc.) ont mis en place un service de type WebMail pour consulter et envoyer ses messages à partir de n'importe quel navigateur web. Consultez la documentation de votre FAI ou interrogez leur service clientèle pour connaître l'adresse de leur service WebMail.

2 Lorsque vous aurez affiché la page du service, il suffira d'inscrire votre login et votre mot de passe pour vous connecter.

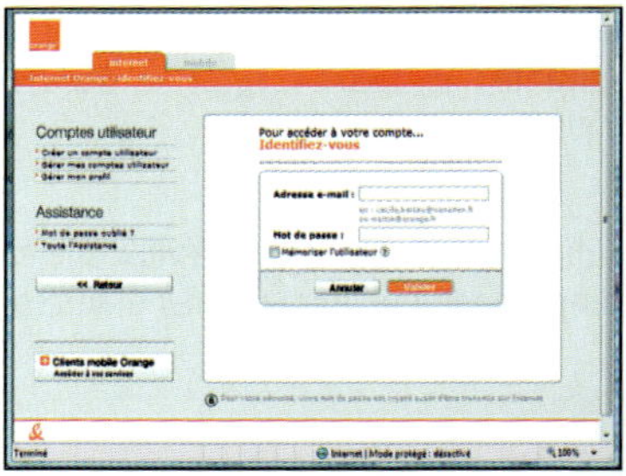

3 Comme vous pourrez le constater, vous disposez d'une boîte de réception pour consulter vos messages et d'un formulaire spécifique pour en envoyer de nouveaux.

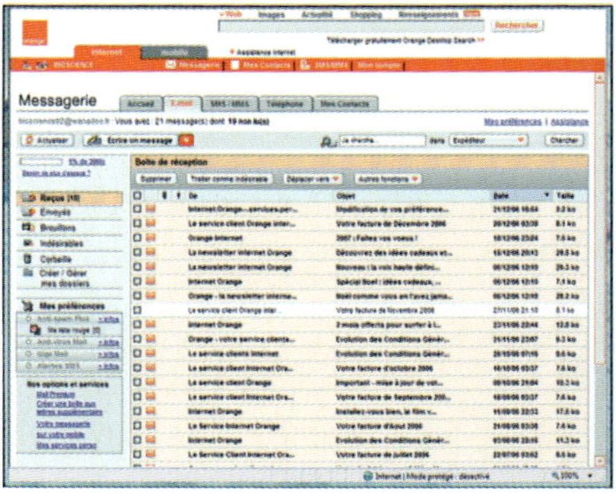

Notez que, si vous avez la possibilité de laisser allumer chez vous votre ordinateur 24 heures sur 24 ou si une personne peut le démarrer à votre place une fois par jour, vous pouvez configurer Windows Live Mail afin qu'il envoie vos messages sur un compte de votre choix, consultable à distance sur le Web.

1 Démarrez Windows Live Mail et sélectionnez la commande **Règles de message/Courrier** du menu **Outils**.

2 Dans le premier cadre, cochez l'option *Pour tous les messages*.

3 Dans le second cadre, cochez l'option *Le transférer à des personnes spécifiques*.

4 Dans le troisième cadre, cliquez sur le lien *des personnes spécifiques*.

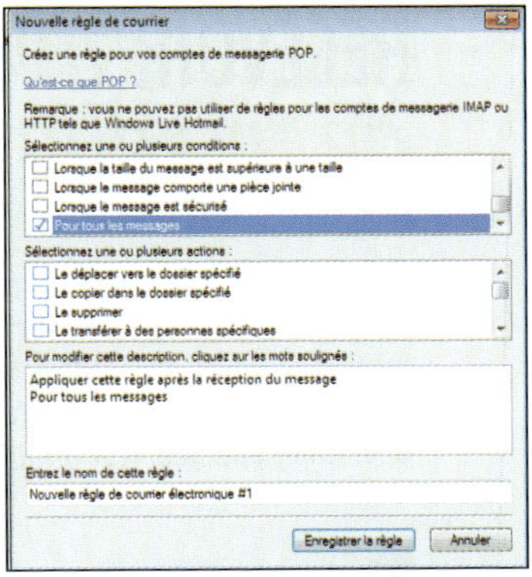

5 Indiquez ensuite l'adresse vers laquelle transférer tous les messages. Refermez ensuite toutes les fenêtres pour rendre opérationnelle la règle.

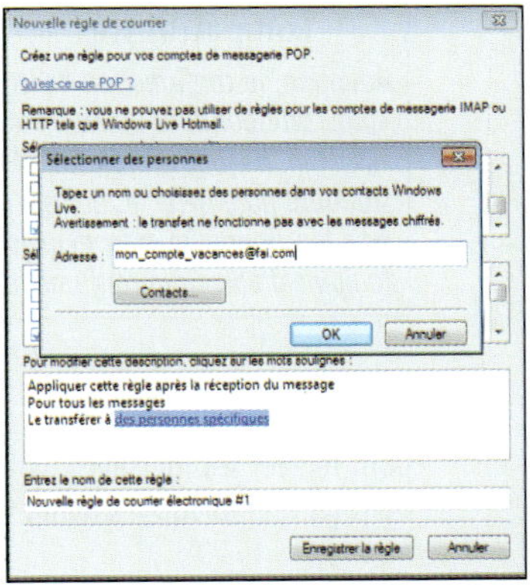

Enfin, si vous souhaitez consulter la messagerie de votre bureau de travail à partir de votre domicile, sachez que la manipulation est généralement possible, à condition toutefois que l'administrateur du réseau de votre entreprise permette les connexions distantes à partir d'Internet.

Si c'est le cas, il suffit alors de lui demander les mêmes informations que celles fournies par votre fournisseur d'accès Internet, à savoir votre login, votre mot de passe (vous devez connaître déjà ces renseignements), l'adresse des serveurs POP3 (ou IMAP) et SMTP (ce dernier vous sera utile si vous souhaitez pouvoir envoyer des messages à partir de votre compte d'entreprise).

Une fois toutes ces informations en main, reportez-vous à notre chapitre dédié à la création d'un compte e-mail sous Windows Live Mail et utilisez les renseignements que l'on vient de vous transmettre pour configurer un nouveau compte avec votre logiciel de courrier électronique favori.

RECEVOIR *un accusé de réception*

Si vous n'utilisez pas votre propre système SMTP pour envoyer vos messages et que vous passiez par le serveur de votre fournisseur d'accès Internet, il existera toujours un doute quant à la réception de votre message par le destinataire. C'est pourquoi Windows Live Mail intègre une fonctionnalité bien utile, appelée «*confirmation de lecture*».

Compatibilité

Attention, la confirmation de lecture de Windows Live Mail ne fonctionnera que si votre correspondant utilise un logiciel de courrier électronique compatible Windows Live Mail. De fait, le protocole SMTP d'envoi des messages ne contient aucune norme standard pour gérer les accusés de réception. Pour cette raison, l'utilisation d'une telle fonctionnalité entre deux logiciels de messagerie différents ne permet pas toujours d'obtenir la confirmation de lecture tant attendue...

Si votre correspondant utilise un programme compatible Windows Live Mail pour relever ses messages, vous pouvez alors demander à recevoir un accusé de réception lorsqu'il ouvrira votre e-mail.

1. Démarrez Windows Live Mail et cliquez sur le bouton **Créer un message**.

2. Dans la fenêtre de composition des nouveaux messages qui apparaît, sélectionnez la commande **Demander une confirmation de lecture** du menu **Outils**.

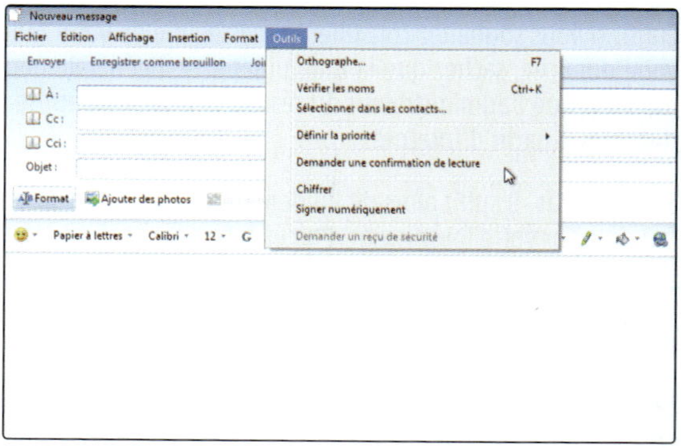

3 Il ne reste plus qu'à écrire votre message comme d'habitude et à l'envoyer en cliquant sur le bouton **Envoyer**. Ce n'est pas plus compliqué.

Bien entendu, cette méthode a un inconvénient : celui d'exiger une manipulation supplémentaire à chaque envoi de nouveaux messages. Dans ces conditions, vous pouvez oublier de la demander une fois sur deux... Pour éviter ce type de problème, nous allons paramétrer Windows Live Mail pour demander automatiquement une confirmation de lecture pour chaque nouveau message que vous enverrez.

1 Démarrez Windows Live Mail et, à partir de son interface principale, sélectionnez la commande **Options** du menu **Outils**.

2 Dans la boîte de dialogue qui apparaît, cliquez sur l'onglet **Confirmations de lecture** et cochez l'option *Demander une confirmation de lecture pour tous les messages envoyés*.

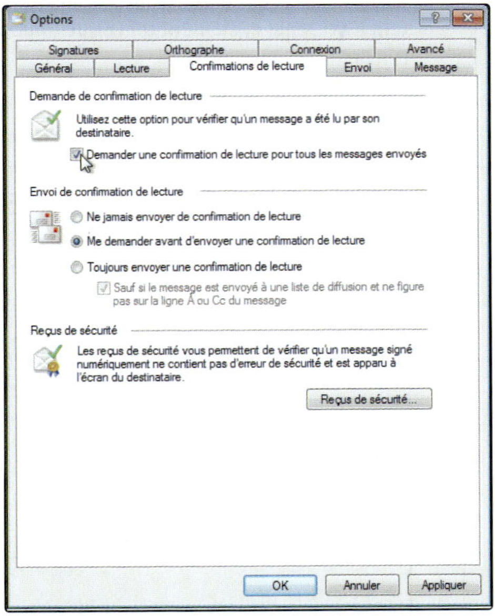

3 Notez que vous pouvez également définir ici l'action à déclencher automatiquement lorsqu'un de vos correspondants vous demande une confirmation de lecture, de la même façon que vous venez de le faire. De fait, vous disposez de plusieurs options pour déterminer le comportement de Windows Live Mail : la première, *Ne jamais envoyer de confirmation de lecture*, permet d'ignorer toutes les demandes d'accusé de réception. La deuxième vous permet d'être informé de cette demande. Dans ce cas, vous devrez indiquer manuellement, à chaque message que vous recevrez, si vous souhaitez ou non honorer la confirmation de lecture. Enfin, la troisième option, *Toujours envoyer une confirmation de lecture*, consiste à envoyer automatiquement l'accusé de réception sans que vous vous en aperceviez. Validez ensuite les nouveaux paramètres par OK pour les rendre fonctionnels.

BLINDER *sa messagerie*

Windows Live Mail représente un des logiciels de messagerie le plus utilisé, mais il n'est pas le plus sécurisé. En fait, il a même des défauts comme celui d'être parfaitement compatible avec le format HTML des pages Web.

Certes, cela permet de réaliser des messages très séduisants et beaucoup d'utilisateurs auraient du mal à se passer de telles fonctionnalités. Pourtant, cela représente également un risque important au niveau de la sécurité et il convient de s'en protéger.

Dès lors, la meilleure façon de se protéger de ce type d'attaque, à savoir des scripts malveillants qui pourraient se déclencher lorsque vous ouvrez de tels messages, consiste à effectuer un petit réglage au niveau de la réception des fichiers attachés que vous recevez par e-mail.

1 Dans Windows Live Mail, sélectionnez la commande **Options de sécurité** du menu **Outils**.

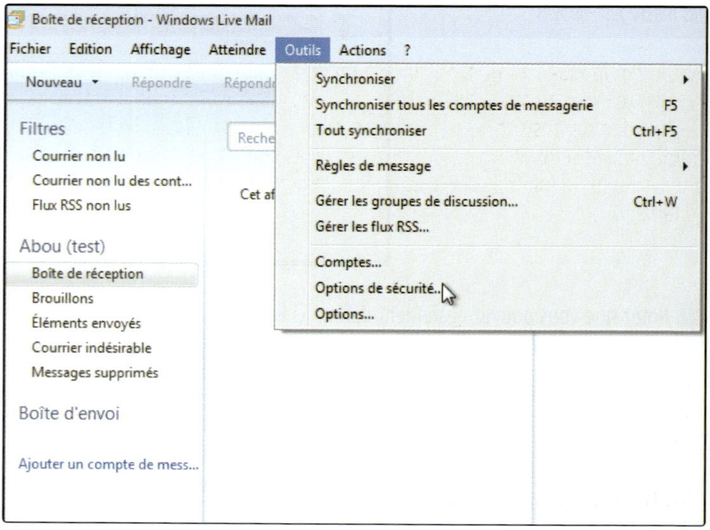

2 Activez maintenant l'onglet **Sécurité** et, dans la section *Protection antivirus*, sélectionnez les options *Zone de sites sensibles* et *Ne pas autoriser l'ouverture ou l'enregistrement des pièces jointes susceptibles de contenir un virus*. Validez ensuite vos choix en cliquant sur le bouton OK.

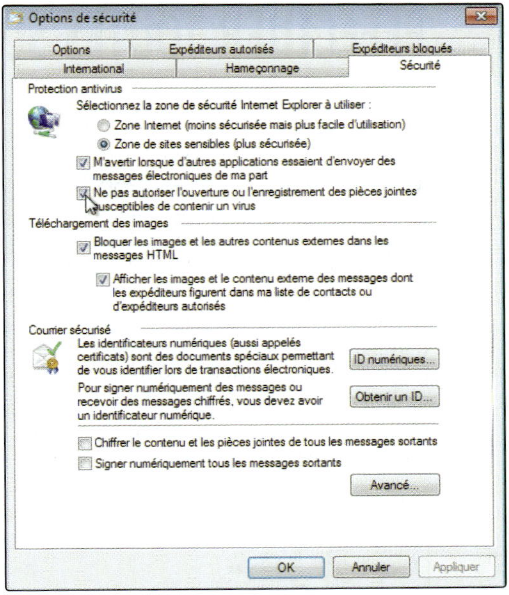

Un tel paramétrage ne doit pas être ignoré. De fait, à l'instar d'une page web, un message e-mail au format HTML peut lui aussi contenir du code dynamique, c'est-à-dire des instructions de programmation de type JavaScript ou JScript. Dans ces conditions, et selon l'origine du message, l'exécution de tels scripts risque de détruire une partie ou la totalité de vos données, voire provoquer des dysfonctionnements très gênants.

Windows Live Mail et le Web

N'hésitez pas à cocher l'option M'avertir lorsque d'autres applications essaient d'envoyer des messages électroniques de ma part. *De fait, cette option permet d'être averti lorsque vous envoyez vers un serveur un formulaire web par le biais de votre programme de messagerie. Car, de cette façon, le destinataire peut ainsi connaître l'adresse e-mail configurée dans Windows Live Mail et un message d'alerte sera là pour vous le rappeler.*

EFFECTUER TOUTES SORTES *de recherches*

Google ne représente pas uniquement un simple moteur de recherche. En fait, l'entreprise regroupe de nombreuses activités pas toujours très connues du grand public et des non spécialistes. Petit tour d'horizon des principaux services disponibles.

Le service le plus connu, bien entendu, désigne la recherche. Mais cette dernière peut s'effectuer de différentes façons. Ainsi, vous disposez d'une interface spécifique pour rechercher des images (www.google.fr/imghp). Vous pouvez effectivement récupérer ainsi de nombreux fichiers graphiques sur n'importe quel sujet et sous plusieurs formes : photographies, dessins, logos, etc.

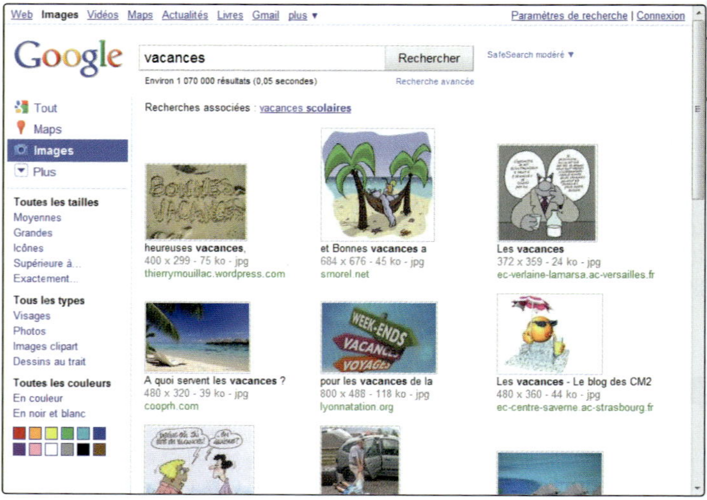

Toujours dans le secteur de la recherche, Google vous propose d'effectuer vos investigations à travers les contributions qui transitent par les **newsgroups** ou des sites web spécialisés : www.google.fr/grphp.

Newsgroups

*Les groupes de discussion, ou newsgroups, représentent des forums de discussion diffusés sur Internet, et plus particulièrement sur des serveurs spécifiques appelés NNTP (*Network Net Transport Protocol*).*

Autres fonctions : les recherches vidéo (http://video.google.com), les recherches dans l'actualité (http://news.google.com), la recherche d'adresses (http://maps.google.com), etc.

Bref, vous l'avez compris, Google regorge de services de recherche aussi divers que variés. Vous pourrez tous les découvrir ici : www.google.com/intl/fr/options.

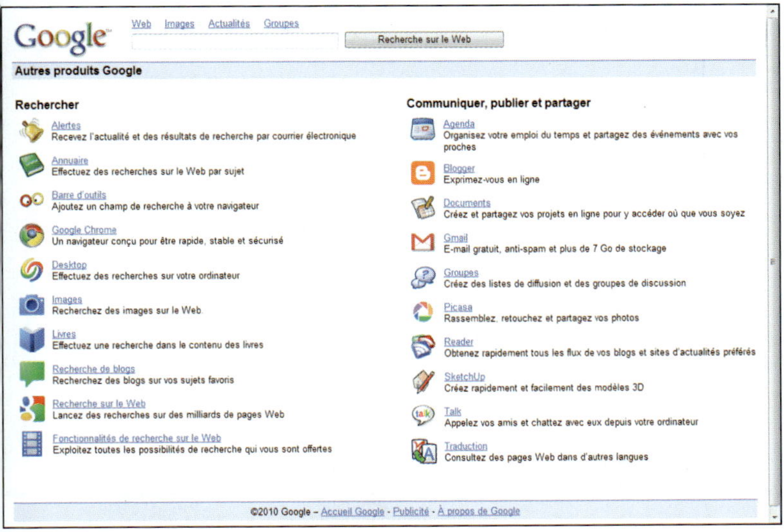

MODIFIER *la barre d'outils*

Si vous avez déjà un tant soit peu utilisé la barre d'outils de votre navigateur pour surfer sur Internet, vous ne pouvez probablement plus vous en passer. Dès lors, pourquoi ne pas la tailler à vos besoins en supprimant certains boutons qui vous sont inutiles et en ajoutant d'autres commandes que vous souhaiteriez bien exécuter plus rapidement ?

1 Pour personnaliser la barre d'outils de votre navigateur, démarrez Internet Explorer. Sélectionnez ensuite la commande **Barres d'outils/Personnaliser** du menu **Outils**.

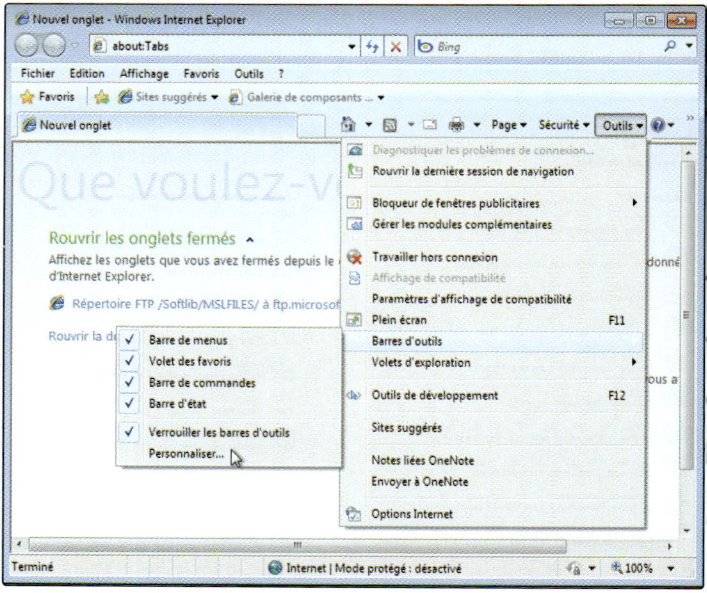

Fiche Pratique 20

2 La nouvelle boîte de dialogue qui apparaît propose deux volets. Ils vont vous permettre de définir le contenu de votre barre d'outils. Le premier volet à gauche propose tous les nouveaux boutons que vous pouvez ajouter dans la barre. Celui de droite affiche les boutons déjà présents dans la barre. Dès lors, pour insérer de nouveaux boutons, sélectionnez-les à gauche et cliquez sur le bouton **Ajouter**. Vous pouvez également cliquer sur le bouton **Supprimer** pour retirer un bouton sélectionné à droite.

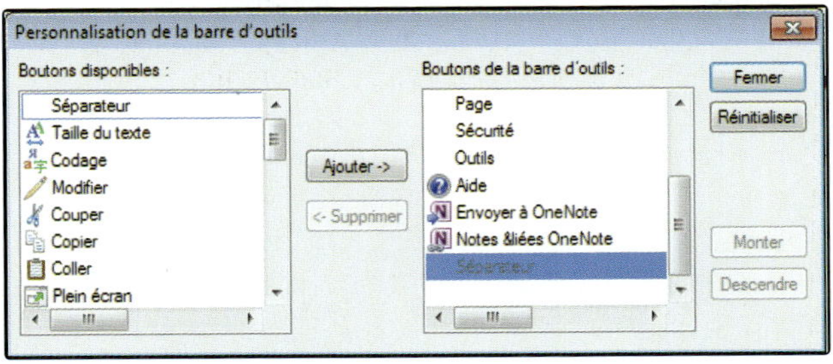

3 Vous pouvez également changer le classement des boutons dans la barre d'outils. Sélectionnez le bouton que vous souhaitez déplacer et cliquez sur le bouton **Monter** ou **Descendre**. Vous disposez en outre de lignes séparatrices pour regrouper thématiquement vos commandes. Le séparateur est disponible dans le cadre de gauche. Pour le passer dans le volet de droite, cliquez sur le bouton **Ajouter**.

4 Si, après avoir modifié votre barre d'outils, vous éprouvez des remords, cliquez sur le bouton **Réinitialiser**. Vous retrouverez ainsi la disposition initiale des boutons.

INDEX

S

T

V

W

CPI Aubin Imprimeur - *Ligugé*, D.L. juin 2010 / Impr. : L 73843